BAD BOYS DU CYCLISME

40 PORTRAITS HAUTS EN COUREURS

Collection Hugo Sport dirigée par Bertrand Pirel

Ouvrage dirigé par Valérie de Sahb
Graphisme de couverture & mise en page : Ariane Galateau
Lecture : Léa Mariani
Correction : Nathalie Reyss
Visuel de couverture : © PresseSports

34-36, rue La Pérouse
75116 Paris
www.hugoetcie.fr

ISBN : 9782755640090
Dépôt légal : octobre 2018
Imprimé par Finidr

CHRISTIAN-LOUIS ECLIMONT

BAD BOYS DU CYCLISME

40 PORTRAITS HAUTS EN COUREURS

Hugo Sport

À mon ami Philippe Sudres,
fervent de la légende vélocipédique –
et musicien avec ça…

AVANT-PROPOS

En avoir ou pas ? Du caractère ! Là est l'enjeu. Des bad boys, des mauvais garçons, ils n'en sont pas littéralement, en revanche, détenteurs d'une nature piquée, ils s'en rapprochent. À ce crible, tous témoignent d'une originalité appréciable fût-elle discutable pour quelques-uns. Des années pionnières à nos jours, le sport cycliste révéla pléthore de personnalités dont les aspérités les ancrèrent dans les mémoires à leur diapason discordant.

Au plan psychologique, un champion se signale par un trait singulier qui le distingue du commun, sa marque et sa trace dans l'histoire, une qualité remarquable qui, en bien des cas, s'apparente à un défaut. L'éthique n'est pas la morale et, rebondissant sur ce distinguo, nous verrons bien que les plus tempérants ou conciliants ne furent pas les plus adulés, cédant la palme aux plus épineux. Il en va pareil de la compétition et de l'existence où la vertu ne constitue pas forcément l'arme de mise, où la charge du challenge à accomplir se pare d'imperfections, d'anomalies insolites, où la volonté s'aiguise sur la pierre du travers. Les frères Pélissier dépourvus de leur fameuse vindicte auraient-ils laissé derrière eux une légende aussi fournie, Jean Robic lavé de sa colère congénitale aurait-il bâti sa postérité qui dure, Raphaël Géminiani désaffecté de sa « grande gueule » aurait-il autant embelli la fable ? La réponse fuse. Non. Pas plus que Cyrille Guimard ou Laurent Fignon, en retors analogues, n'auraient collaboré à introniser l'intellect dans un sport, hélas trop souvent moqué ou stigmatisé, à tort, par les plus maldisants.

De Bernard Hinault à Mark Cavendish via Richard Virenque ou Mario Cipollini, la liste s'étend de ceux, célèbres, qui s'illustrèrent sur le mode scandaleux plus ou moins à dessein. Aussi bien, sur la bascule, les faits recèlent de cette fièvre inhérente aux grandes exaltations. Quand pour l'obtention d'un titre de presse, sous leurs extérieurs de gentlemen sportifs, deux hommes diserts s'écharpent en justice avec des méthodes douteuses – Henri Desgrange, fondateur du Tour en 1903 versus Pierre Giffard, l'inventeur de Bordeaux-Paris. Puis, via le geste ou la posture, il y a ceux qui s'invitent impossibles à taire, Bernard Tapie, propagandiste controversé de La Vie claire – ou presque– en 1984, Michel Audiard qui puisa son mauvais genre littéraire dans les coursives et les coulisses du Vél d'Hiv. Et d'autres, aussi incontournables qu'insoupçonnés.

Par ces acteurs teigneux et braves, vainqueurs ou terrassés – pour la beauté de la fable, c'est pareil –, par ces réfractaires à la bienséance, tous as du braquet bien tourné, cet ouvrage condense une galerie de « jolis défauts », panel garanti.

Magnifiques bad boys !

Christian-Louis Eclimont

Choppy Warbuton, à droite,
derrière son poulain, dans
sa tenue distinctive.
(© Jules Beau)

CHOPPY WARBURTON (1845-1897)

LE DIABLE EN CHAPEAU DERBY

Ici, le diable évolue paré d'un chapeau melon, revêtu d'un long manteau descendu aux chevilles, ouvert, passé sur un petit gilet boutonné, une cravate club serrée autour d'un col de chemise relevé. Grand, athlétique, mi-gentleman mi-escarpe, sa moustache taillée en accent circonflexe lui confère l'air d'un personnage interlope échappé d'un tripot londonien. Pour une fiche signalétique : son nom, James Edward Warburton (dit Choppy l'instable), lieu de naissance, Londres, date, le 13 novembre 1845, profession, coureur à pied, réputé en Angleterre et en Amérique. Amateur depuis l'âge de quatorze ans, il était passé professionnel à 34 ans, en 1879. 700 victoires plus tard, en 1888, il avait opté pour une carrière d'entraîneur-manager dans le cyclisme, doublée de celle d'un show-man sûr de son fait. En juin 1896, *Paris-Vélo* en dresse l'instantané suivant : « Au centre de la piste, il est le seul qu'on aperçoit, son grand pardessus et son chapeau Derby poussé jusqu'à ses oreilles. L'air mystérieux qui intrigue, un récipient de verre en main, il le montre à son coureur, le débouche, verse le mélange inconnu qu'il contient dans une bouteille de lait et puis, toujours en courant, renversant quiconque en travers de sa trajectoire, il gagne l'autre côté de la piste pour le lui transmettre. »
La scène se déroule à Catford dans le sud-est de Londres devant 18 000 spectateurs où la compagnie Simpson Lever Chain assure la promotion de ses chaînes révolutionnaires via un omnium guetté, le Chain Matches. Il tournera à l'avantage de l'équipe Simpson-Gladiator sur celle de Dunlop. Cette date du 6 juin 1896 coïncide avec la descente aux enfers de Choppy Warburton, son quartier général, en somme.

Avant que le Tour de France soit créé en 1903, instaurant définitivement la route dans le goût du public, les défis sur piste passionnent. Privatisés à l'intérieur de vélodromes, ils sont parrainés par des journaux spécialisés, sponsorisés par des fabricants. Pour d'évidents motifs, en circuit fermé, ils prêtent mieux à la collusion quand elle se produit.

Durant sa carrière controversée, Warburton, le sorcier du Lancashire, managea de multi-recordmans dont Jimmy Michael, Arthur Linton ; le premier, champion du monde de demi-fond en 1895 ; le second, recordman de l'heure (45,33 km), des 50 km (1 h5 min 50 s 3/5), des 100 km (2 h 29 min 58 s). Nous sommes avant 1900, les chiffres sont éloquents. Michael, prodige du cyclisme gallois, comme Linton, avait rencontré Warburton à Paris, en 1894, au Vélodrome de Buffalo : en 1893, il s'était adjugé le Cuca-Cocoa Challenge Cup, une course britannique d'endurance disputée sur 24 heures – imitée en France, elle devint le Bol d'or.

Jouissant des retombées promotionnelles de Linton et de Michael au pinacle, Warburton était pointé en manager et préparateur d'exception. L'époque n'était pas à la prophylaxie. Personne ne s'intéressait à quoi que ce fut dans le domaine du dopage. D'ailleurs, aucune règle pour le contrecarrer n'était en vigueur, hormis un jugement moral rien ne le condamnait. En France, autour de 1892, glissant la métaphore aux résonnances intrépides et folkloriques, on invoquait pour ces potions miracles, l'Élixir de vitesse ou, encore, le Vélo Guignolet.

Deux mois en amont du match Simpson, à Londres, classé ex-æquo avec le Français Gaston Rivière, Arthur Linton a remporté Bordeaux-Paris dans des circonstances homériques au terme d'une poursuite restée dans les annales des courses pionnières. Son écroulement lors d'une manche de la Chain Match au vu de tous était-il la conséquence d'un manque de récupération ou bien résidait-il dans la prise d'un produit que lui avait suggéré son diabolique manager – cupacup, cocaïne plus chocolat, liqueur de Fowler, une solution d'arsénite de potassium ? Évacué sur une civière, dans l'incapacité de poursuivre le tournoi, vite la rumeur qu'il soit dopé fraya parmi le public, pire, que Warburton l'ait « bloqué » pour le gain de paris truqués. Le scandale se prolongea lorsque Jimmy Michael, l'autre poulain majeur de Warburton, révéla avoir ingurgité un philtre aux effets équivoques identiques, que Choppy lui aurait confié lors d'une course précédant le Chain Match. Suspendu par la National Cycling Union, à la suite d'une émeute qu'il déclencha à Buffalo pour d'obscures raisons publicitaires, son ascension fut entravée. Sur le terrain juridique, une procédure s'ensuivit qui l'opposa à son manager au cours de laquelle il fut prouvé que celui-ci magouillait avec les bookmakers, des sommes considérables détournées à son détriment. En souvenir du passage de Warburton sur le territoire, un journal américain écrivit : « Sa carrière dans ce pays se résume à une succession de classements arrangés, de disgrâces et de fraudes. [...] Choppy a rudoyé et vendu tous ceux qui avaient quelque chose à voir avec lui. » Sa réputation en lambeaux, sa carrière ruinée, interdit d'exercer sur le sol anglais, il se relança en recrutant Albert Champion, un pistard français, le futur inventeur des bougies automobiles à son nom. Il courait alors pour les cycles Clément ayant fusionné

Jimmy Michael, ici, avec Choppy Warbuton, mort précocement dans des conditions mystérieuses à 27 ans, en 1904.

avec la Humber Bicycle Company. Hégémoniques, ces deux firmes soudées avalèrent la puissante firme Gladiator, celle-là même qui, équipée de chaîne Simpson, s'était illustrée pendant le Chain Match à la genèse des ennuis de Warburton. Comment mieux concevoir qu'en combinard avisé aux multiples accointances il demeurait contre vents et marées au cœur du syste ? Jeté par la porte, il revenait par la fenêtre, blanchi de fait. Pourtant, le 23 juillet 1886, lorsqu'Arthur Linton décède quelques jours après avoir participé à la Cold Vase à Londres, la rumeur dont il est au centre repart de plus belle. Officiellement, Linton est mort de la typhoïde, cependant, sans que cela ne soit jamais prouvé, il semble à raison qu'il ait été victime des « liqueurs » de son mentor. Quoi qu'affecté par ce décès et une persistante suspicion à son encontre, Warburton ne lâcha pas. S'étant tourné vers le Royal Aquarium de Londres, dans le cadre d'une course non homologuée, il fit courir Albert Champion contre une femme lors d'un défi mixte inédit. En 1897, Jimmy Michael et Choppy Warburton réconciliés s'entendent pour faire appel devant la NCU, pour, en quelque sorte, effacer l'ardoise. Mais celle-ci s'enferre à ne pas les recevoir. Et, quand, en décembre 1897, à 55 ans, malade du cœur, Warburton décède à son tour, il emporte avec lui le secret de ses coups fourrés et de ses tractations douteuses. Vilipendé en Angleterre, il demeure populaire en France, à preuve, cet extrait paru dans le *Journal des débats politiques et littéraires* du 25 décembre 1897 : « Les obsèques de Choppy Warburton ont été célébrés hier à Wood Green, aux frais du *Sporting Life* de MM. Simpson et Sand. Des couronnes avaient été envoyées de France par le Syndicat des coureurs, le *Journal des sports*, *Le Vélo*... »

Toutefois, « le mystère Warburton » qui n'en était qu'un demi, rebondit en 1904, lorsqu'âgé de 29 ans, Jimmy Michael succombe subitement sur le paquebot *Savoie* qui le ramenait à New York, aux États-Unis où il s'était expatrié pour courir sur piste avec succès, s'étant essayé à la suite à devenir jockey, propriétaire d'une écurie de chevaux. Sa fin prématurée, *a priori* due à un accès de *delirium tremens*, sa collaboration antérieure avec Choppy Warburton remonta à la surface. Exit le temps où, en 1912, l'Almanach pratique illustré du *Petit Parisien*, visiblement mal informé, préconisait la méthode Warburton toute faite d'ascèse, d'assiduité et d'hygiène. La postérité noire de celui-ci s'épaississait.

Par la feuille de coca des marcheurs incas, l'hydromel des Grecs et des Romains, par la chimie et les « armes biologiques », le diable se cache dans les fioles, les seringues, et Warburton dans sa tombe.

Page de gauche :
Affiche de Toulouse-Lautrec pour les Chaines Simpson qui organisèrent le Simpson Lever Chain à Londres le 6 Juin 1896.
(© Imprimerie Chaix)

Page de droite :
Un autre poulain de l'écurie Warbuton, Tom Linton, le cadet d'Arthur, détenteur du record de l'heure en 1902 avec 73, 350 km parcourus.

BARENNE
PARIS.

LA VIE AU GRAND AIR

ABONNEMENTS		26 Mai 1901. — N° 141	PUBLICITÉ
[P]aris.... Un an 14 fr.	Édition de luxe	Rédaction et Administration : 9, Avenue de l'Opéra, PARIS (1er Arrt)	Pages de Couverture, la ligne. . 1 fr. 50
[D]épartemts — 15 fr.	France. Un an. 30 fr.		La Page . . . . 600 fr.
[É]tranger . — 20 fr.	Etranger. — 40 fr.		Encartage. . . . . 500 fr.

APRÈS LE MATCH JACQUELIN-TAYLOR. — LES HONNEURS DU TRIOMPHE

Quand Jacquelin eut battu son adversaire noir pour la seconde fois, au vélodrome du Parc des Princes, la foule franchit les balustrades, se précipita sur son champion favori et le porta en triomphe jusqu'au quartier des coureurs.

(Voir l'article pages 270 et suiv.).

EDMOND JACQUELIN (1875-1928)

LE FLAMBEUR FLAMBÉ

Crinolines, dentelles, chapeaux hauts-de-forme et spencers, parfums chics, des jumelles de théâtre portées à l'œil pour mieux épier la piste et ses à-côtés, le Tout-Paris se presse au Vélodrome de Buffalo, ce 14 mai 1896, Porte Maillot. Il a été édifié sur l'emplacement où, naguère, en 1889, William Cody, Buffalo Bill, présenta son *Wild West Show* lors de l'Exposition universelle, c'est là, sur cet anneau qu'en 1893, Henri Desgrange boucla le premier record de l'heure, 35,325 km, et, la même année, Georges Cassignard, celui du kilomètre départ arrêté en 1 min 28 s. Si, à ce lieu prisé colle la notion de record, à l'égal, il lui revient un statut mondain : les défis sur piste à la mode déplacent la gentry des arts, des lettres, les magnats de l'industrie. À Paris, et proche ceinture, au tournant de 1900, Buffalo inclus, au moins six de ces enceintes existent dont, notamment, La Cipale, à Vincennes, le Parc des Princes, le Vélodrome d'Hiver, de l'Est, de la Seine, dans ce dernier où l'on peut apercevoir dans les tribunes, en 1895, le président Félix Faure, non qu'il soit friand des exhibitions en cours mais parce qu'il se doit d'y assister, à son rang et à sa place.

Ce 14 mai 1896, donc, un beau soleil de printemps irise l'anneau de ciment vert de Buffalo. Autour sur des panneaux surélevés ressortent des publicités colorées qui lèguent de la physionomie à l'ensemble. Les tribunes combles chauffées à vif, au milieu de la pelouse, on discerne un petit homme concerné, les mains dans les poches, une barbe en pointe : Tristan Bernard. Coiffé d'un chapeau melon noir, en pantalon de golf beige à mi-mollets, ceint d'une veste trois-quarts de tweed de la même couleur, des chaussettes montantes noires jaillies de chaussures basses raccords qui aiguisent vers le bas sa silhouette ventrue, c'est sa tenue habituelle, dans laquelle son compère Toulouse-Lautrec l'a immortalisé sur une affiche. Depuis 1892, épris de cyclisme, fondateur du *Journal des vélocipédistes*, il assume la direction de la place. Pour être un humoriste, un homme de bons mots, il n'en possède pas moins l'autorité nécessaire à cette tâche ardue aux retombées financières éprouvées ; ce négoce aux mains de promoteurs avisés, il ne pourrait en être autrement.

Porté en triomphe après sa victoire contre Major Taylor, Edmond Jacquelin fait la une de *La Vie au Grand Air*, le 26 mai 1901. (© *La Vie au Grand Air*)

Au milieu de l'après-midi, ce 14 mai 1896, les esprits s'échauffent, des récriminations fusent, des moins stylées émanant d'un public qui l'est, mêlées de plus réservées,

Vainqueur du Grand Prix de Paris en 1895, 96 et 97, Ludovic Morin, l'ami et l'adversaire d'Edmond Jaquelin courait sur cycles Peugeot. (© Imprimerie Lemercier)

nominales, dédiées au directeur de l'anneau : « Conspuez Bernard ! » Pour le clou de la réunion, 50 km derrière entraîneurs, le match franco-anglais Edmond Jacquelin-Tom Linton était annoncé. L'horloge défile, Jacquelin ne se présente toujours pas. Les triplettes prêtes, leurs pilotes s'impatientent sur la ligne. Tom Linton, le crin noir, l'œil braiseux dans son maillot noir, aussi s'exaspère. À Bernard qui s'est rapproché de lui, en compensation il quémande une rallonge à son contrat. Pourtant endurci aux caprices des étoiles du pignon fixe, celui-ci s'étouffe, ce Linton, recordman de la distance, attise. À ce déboire, sur le champ s'en ajoute un autre, un messager s'est approché qui chuchote à l'oreille du directeur, transi d'un coup : « Edmond Jacquelin déclare forfait ». Afin de parer à la pression, Tristan Bernard s'empare de son porte-voix, communique aux spectateurs survoltés la nouvelle à la puissance d'une bombe. Illico, un hourvari submerge l'enceinte, les sièges arrachés volent, la buvette est dévastée, la foule envahit la piste et la pelouse, les poteaux d'arrivée sont déplantés, des coups sont échangés, le piquet de police présent surgit à la rescousse de l'organisateur au bord d'être molesté. Le vélodrome est saccagé. Ces gentlemen et ces belles dames de haute lignée se sont comportés comme des voyous, des escarpes des fortifs – ce cyclisme en bocal, avec ses champions friqués aux maillots bariolés, ça vous chamboule la tête aux plus michés qu'on croyait au dessus du lot ! Cette fois, c'en est trop, quatre ans de bons et loyaux services à son poste, la mort dans l'âme, Tristan Bernard démissionne. À cet instant, invoquant Jacquelin, le préféré des foules, surnommé Piou-Piou, peut-être, le futur auteur de *l'Anglais tel qu'on le parle*, s'est-t-il chuchoté : « *Bloody, fucking bad boy !* »

Un bad boy, un mauvais type, Edmond Jacquelin n'en est pas expressément un, non, à ce point, c'est un champion adulé, frappé de désinvolture qui confond son statut et ses obligations, son métier et son appétence aux plaisirs variés, un prince de la frime amateur de conquêtes minute. Cet après-midi, trahissant celui qui contribua à sa renommée, il aura hâté son retrait définitif des anneaux. En effet, à Tristan Bernard revient l'innovation du Brassard-rente richement doté à défendre sur une saison à l'addition de points. Premier porteur en avril, Jacquelin aurait dû lui en savoir gré – cet après-midi où le scandale a triomphé, le savoureux Edmond se dépensait dans une partie fine.

À Paris, autour de 1890, période en laquelle le cyclisme sur piste attire les foules, Jacquelin s'exhibe pour des sommes considérables, propriétaire de sa marque de cycles.
(© Collection ND l'hot)

Cet apprenti-boulanger natif de Santenay, le 31 mars 1875, en Côte d'Or, est regardé en phénomène national, mieux, international, au palmarès auréolé : multi recordman du monde de vitesse, champion de France au pluriel, premier champion du monde de vitesse en 1900, et au monde, insigne sur les tablettes par une grâce historique, vainqueur d'innombrables Grands Prix dans l'Hexagone, en Europe. La vitesse courue par deux ou trois exacerbe la tension plus que n'importe quelle autre discipline. Au patronyme de Jacquelin est accolée cette émotion fulgurante à son paroxysme. Dans *Le Vélo illustré* en 1898, Georges Prade s'émerveillait : « [...] un coureur puissant et opiniâtre, avec cela calculateur et plein de sang-froid. Il mène la course comme il veut, part où il veut, dans ce terrible effort de reins et de cuisses qu'est son démarrage. [...] Il grise la foule, il se grise. » Même exalté, dans le rôle de l'explosif qui ne se dépare jamais de son assurance, Jacquelin retira sa renommée d'inatteignable de mémorables face-à-face où par l'exposition d'un caractère franc et à la pédale, sur les deux registres conjugués il se haussait au-dessus de la mêlée de ses challengers : Willy Arend, l'Allemand, Harrie Meyers, le Néerlandais, Thorvald Ellegaard, le Danois, Nat Buttler, Major Taylor, les Américains, Federico Momo, Gianferdinando Tomaselli, les Italiens, Paul Bourillon, Victor Dupré, Gabriel Poulain, Émile Friol, les Français. Témoin, ce match en date du 25 octobre 1896 qui, devant un parterre de quinze mille personnes au Vélodrome de la Seine, l'oppose à Ludovic Morin, le briochin, avec lequel d'usage il forme sur tandem une paire redoutée, son ami plus pour très longtemps. Si le Breton a raflé les plus beaux Grands Prix de la saison, dont celui de Paris, Piou-Piou compte 23 victoires.

En carte postale ou en effigie couleur, Edmond Jacquelin, la coqueluche de la France et du Tout-Paris. (© *La Bicyclette*)

Question de prestige national entre eux, la rivalité surplombe, or si la première manche tombe d'un rien dans l'escarcelle de Morin, celui se plaint aux commissaires que Jacquelin l'a gêné. Déterminé à ne pas courir la 2e manche, finalement, sur les nerfs, il s'y résout, à cent mètres de la ligne, les deux adversaires se mélangent les pédales. Chute – Morin plus touché que Jacquelin. Là encore, la foule se déchaine – 2e manche à recourir annulée, fin du match. Le dimanche suivant, pour une revanche, Morin se porte forfait, préférant se commettre au Vélodrome d'Hiver où il est hué tandis que, fanfaron, Jacquelin patiente seul sur la ligne de départ de celui de la Seine, ovationné par ses supporters. Clash à distance – les deux hommes assez indissociables jusqu'alors resteront fâchés pendant deux ans. Morin, traître !

Pour une nouvelle furia musculaire notoire, un match historique et international, cette fois, un rendez-vous avait été fixé le 16 mai 1901 au Parc des Princes, qui le mettrait aux prises avec le céleste Major Taylor, le grand sprinter noir américain, victime de ségrégation où qu'il se produisit. Très religieux, s'interdisant de courir le dimanche, il s'était privé de défendre son titre en 1900. Comme d'usage, lorsque Jacquelin figure au programme, l'émeute couve. En ce début de printemps, au milieu des populaires, le Tout-Paris a accouru à Auteuil. Dans les tribunes de cette enceinte dirigée par Henri Desgrange, on repère Tristan Bernard, encore passionné en dépit de sa déconvenue de Buffalo, Maurice de Féraudy, de la Comédie-Française, l'ami personnel d'Edmond, Louis Barthou, ministre de l'Intérieur en 1896, William de Lancey-Ward, le peintre intimiste américain de passage à Paris où il fit ses académies. On distingue aussi Paul Bourillon, Ludovic Morin réconcilié avec Jacquelin. Le match du siècle qui débute a été annoncé de loin. Dans *L'Auto-Vélo* du 16 mai, Géo Lefèvre, futur bras droit de Desgrange sur le Tour 1903, questionne : « Qui sera roi, le Blanc ou le Noir, le champion de l'Ancien continent ou le crack du Nouveau Monde ? [...] Ce soir nous aurons la réponse, réponse que le télégraphe ou le téléphone porteront aux quatre coins du monde. » – rien de moins, Jacquelin-Taylor, l'affiche reine d'une portée planétaire. En 2 manches, de son irrésistible jump, Jacquelin exécute l'Américain foncièrement plus rapide que lui. Sa performance n'en est que plus

Sprinter mais aussi homme de défi derrière Derny, Edmond Jacquelin trouve l'abri. (© Cliché Chiézi)

remarquable. Seule ombre au tableau, grillant Taylor dans la 2e manche pour le gain du match, Jacquelin lui a adressé un pied de nez. Taylor s'en est plaint aux commissaires, cette bravade lui rappelait trop les brimades qu'il subissait régulièrement. Jacquelin ne s'est pas excusé, il s'est dit simplement laisser aller à la griserie du moment. Il est comme ça Jacquelin, pas méchant, mais frimeur, tout à l'instinct, son tempérament torrentueux le déborde comme il déborde de prodigalité dans les restaurants huppés, à l'Espérance, le café de l'avenue de la Grande-Armée fief du gotha de la piste. Il roule grand train, offrant force tournées et réjouissances au restaurant La Grande Cascade ou au Pavillon d'Armenonville situés dans le Bois de Boulogne. Champagne pour tout le monde ! En piste, il se présente en peignoir de zibeline, à tout prix, il veut ressembler au public fortuné qui l'acclame. À la Comédie-Française, il possède sa loge, il parcourt le Bois de Boulogne en attelage, il inspire les peintres, les affichistes, Lucien Jonas, Frank Burty, les écrivains. En 1909, en Allemagne, le roman de Jacquelin paraît en feuilleton dans *Radsport*, tiré de celui d'Édouard De Perrodil paru chez Flammarion en 1906. À partir de 1900, il mène une carrière en dents de scie, dilapidant petit à petit sa fortune amassée. Pour se refaire, il met au point un tricycle-balayeur qu'il expérimente au Palais-Royal. Réfugié dans l'Île d'Amour, sur la Seine, il construit une piste miniature en terre battue où il prévoit de former ses successeurs – Alfred Letourneur qui fera carrière en Amérique. Dans la gêne puis dans la misère, pour le soutenir, ses amis en vue lui proposaient d'organiser des galas mais, obstinément, gage d'honneur, il refusait.

Sa munificence mauvaise conseillère l'avait anéanti. Pour l'avenir, Jacquelin la flambe inaugurait la liste de ceux à sa suite qui consumerait la chandelle par les deux bouts. Moins bad boy qu'imprévoyant et matamore, pauvre Jacquelin qui se maudit par inconséquence.

Ayant lanterné dans la ruine, il s'en fut le 29 juin 1928, en vitesse.

4me Année - N° 172
CHAQUE SAMEDI

L'HEBDOMADAIRE DU REPORTAGE

– 7 Juillet 1934 –
16 PAGES - 1 f

VOILA

LE PÈRE
DU TOUR
DE FRANCE

HENRI DESGRANGE

PIERRE GIFFARD (1853-1922) HENRI DESGRANGE (1865-1940)

GENTLEMEN ET VOYOUS

Singulière bataille, et très spécieuse, que celle de ces deux hommes instruits qui s'éreintèrent en 1901 pour la suprématie d'un titre de presse puis qui finirent par pactiser lorsque l'un Pierre Giffard, l'aîné, plia devant celui qui le défiait, Henri Desgrange ; le premier, attaché au *Vélo*, négociateur et humaniste, le second, autoritaire et souverain, aux commandes de *L'Auto-Vélo*.

Plume estimée dans diverses publications dont *Le Figaro*, Pierre Giffard, journaliste-reporter, ayant sillonné l'Europe et le monde, se voit confier en 1887 la responsabilité du service actualités de *Le Petit Journal* pour le compte duquel il organise, en 1891, les courses cyclistes, Paris-Brest-Paris (1200 km) et Bordeaux-Paris (600 km) – la vélocipédie en vogue, les courses d'endurance sur route coopèrent à la promotion des titres. Sur sa lancée, en 1892, il invente le raid pédestre Paris-Belfort. Omniscient, en 1894, il agence la première course automobile, Paris-Rouen, membre fondateur de l'Automobile Club de France. Deux ans écoulés, en 1896, il crée le Marathon de Paris tandis qu'il rejoint *Le Vélo* où il pigeait sous le pseudonyme d'Arator. Dirigé par Paul Rousseau, l'un des pionniers de la presse sportive nationale, avec ses 80 000 exemplaires quotidiens vendus, *Le Vélo* écrase ses concurrents. En aficionado de la petite reine, Giffard aime présenter à ses lecteurs les innovations en cours telles l'automobile, le téléphone, le phonographe, la lumière électrique, en cela, il s'affiche comme étant par excellence un homme de la dite Belle Époque. Vulgarisateur patenté, dans *Les Maîtres du journalisme* paru dans *La Presse internationale*, le 5 août 1898, un confrère notait à son propos : « Chaque jour [...] il trouvait quelque idée nouvelle pour intéresser les lecteurs et les tenir en haleine. Et remarquez que son unique souci n'était pas de faire bénéficier son journal d'une publicité formidable ; les campagnes qu'il entreprenait avaient toujours pour objectif ou de faire triompher une idée juste, ou d'obtenir une réforme utile, ou d'attirer l'attention du public sur une question d'intérêt général. » Au *Vélo*, en défenseur éperdu de la petite reine, il aura les coudées franches pour exprimer sa passion. En 1899, il publie *La Fin du cheval*, où sur un pan visionnaire concevable, il annonce l'inéluctable déclin utilitaire de la « plus belle conquête de l'homme ». Il y croit dur comme fer à cette invention de la bicyclette,

L'autoritaire Henri Desgrange, patron du Tour de France, pose en couverture du grand magazine de reportages *Voila*, le 7 Juillet 1934. (© *Voila*)

Pierre Giffard, l'intellectuel dreyfusard qui se mit en travers, en vain, des visées hégémoniques de L'Auto-Vélo dirigé par Henri Desgrange. (© PresseSports)

ce n'est pas nouveau, dès 1892, dans sa préface de *Le cyclisme théorique et pratique* de Baudry de Saunier, sur le mode badin, il écrivait : « Va, ma fille, cours, vole et oublie ton parrain ! » En qualité d'organisateur, d'un point de vue sociologique, presque, Giffard privilégiait l'aspect utilitaire de la course, créatrice d'un lien entre les territoires, autant que celui pratique de la bicyclette qu'il considérait comme un bienfait social. Convaincu de cette efficience pour tous, il regardait de loin les omniums sur piste sinon avec un certain dédain : « Vous voyez en moi l'ennemi des courses vélocipédiques sur pistes. Vous ne me tirerez pas dix lignes sur ces spectacles inutiles où des coureurs de profession passent leur vie à se battre les uns les autres. Ça leur rapporte des sommes rondelettes, d'accord. Ça fait l'affaire des fabricants dont ils font mousser les marques. Rien de mieux, il faut faire des affaires ! Mais d'intérêt général, ça n'en a pas l'ombre. » Sa prédilection pour la route accentuait sa différence avec Desgrange, inconditionnel des anneaux à ses débuts. Sur l'échiquier politique d'alors, à les classifier, Giffard s'apparente à un homme de gauche : en 1900, il s'est présenté aux élections législatives dans la circonscription d'Yvetot, défait par le baron De Dion qui a profité de *La Fin du cheval* pour le disqualifier auprès de l'électorat des éleveurs, nombreux sur place. À l'opposé, d'essor aristocratique par sa culture de juriste, ses convictions inhérentes à la prépondérance du chef, son œil économique, Desgrange se range volontiers à droite. Entre les deux rivaux, le clivage se dessine à l'horizon de leur empoignade publique.

D'extraction bourgeoise, pratiquant émérite du cyclisme, à l'exercice de la vitesse pure sur piste, Henri Desgrange préférait les challenges d'endurance. Par cette résolution, digérant 35,325 km dans l'heure sans entraîneurs, sur le vélodrome de Buffalo, le 11 mai 1893, il établit le premier record du genre. Il a découvert la passion du cyclisme en 1891 avec Bordeaux-Paris. Ironie du sort, cet engouement descend de Pierre Giffard, le créateur de ce ruban routier. Professionnel en 1894, en 2 h 39 min, il améliore le record des 100 km derrière entraîneur. Hygiéniste dans l'âme, en janséniste du muscle et de la diététique, convaincu que la vie est un combat permanent, il ne lésine pas avec la règle. D'un tempérament opiniâtre, il n'aura de relâche de s'affermir dans cette direction, rude tant envers lui-même qu'envers ses adversaires et ses collaborateurs, plus tard, à *L'Auto* et sur le Tour de France. D'une culture affinée, d'un style saillant, par intermittence, il s'adonne au journalisme, pigiste pour *La Bicyclette*, *Paris-Vélo* et *Le Journal de sports*. En 1899, dans le souci de divulguer ses préceptes curatifs et d'entraînement, il publiera *La tête et les jambes*. Sa carrière sportive révolue, en trois ans, entre 1894 et 1897, en conquérant entêté sachant s'ouvrir les portes, il est tour à tour directeur de publicité pour l'industriel Adolphe Clément, hégémonique dans le cycle et l'automobile, président honoraire du syndicat des coureurs, membre de la commission sportive de l'Union vélocipédique de France (UVF). Côté opérationnel, il devient directeur du Vélodrome de l'Est puis administrateur du Parc des Princes récemment édifié où il retrouve Victor Goddet, son allié financier pour la création du Tour de France en 1903. D'un abord cassant, disert, cependant, Desgrange compte des relations huppées dans la haute société grâce aux accointances d'Adolphe Clément avec lequel il conserve un lien mais aussi via celles qu'il a nouées en intégrant L'Omnium, un club très mondain qui tentait de prendre le contrôle sur l'UVF – Giffard s'y est opposé. Ceux que l'on nomme les princes, à l'origine du parc du même nom, Henri Desgrange les connaît bien : le comte Chasseloup de Lambot, le baron Zuylen de Nyevelt, le comte de Dion, Édouard Michelin, figurent aussi dans ce club fermé, tous ayant de près ou de loin à voir avec l'industrie du cycle ou de l'automobile. Ce beau monde, qui guignait vers la presse susceptible de consolider ses affaires, confie en 1900, la direction de *L'Auto-Vélo* à Desgrange secondé par Victor Goddet, aux finances, afin de concurrencer *Le Vélo* de Giffard, le dreyfusard, l'ex-collaborateur du *Petit Journal* favorable au capitaine Dreyfus condamné au bagne lors de son jugement inique le 22 décembre 1894. Toutes les têtes blasonnées autour de Desgrange sont d'antidreyfusards chevillés. Entre *Le Vélo* et *L'Auto-Vélo*, qui empiète sur son lectorat, la guerre est déclarée.

En compétiteur moustachu, Henri Desgrange, à l'époque de sa splendeur sur piste, vers 1893. (© Publicité Dunlop)

La première offensive incombe à Desgrange qui, jouant d'arguties juridiques, ravit Paris-Brest-Paris au *Petit Journal* et, par rebond, à Giffard. En retour direct, les ventes de *L'Auto-Vélo* opèrent un bond. Giffard acculé à la riposte, attaque devant les tribunaux *L'Auto-Vélo* afin que soit ôté de son titre, « Vélo », qu'il estime lui appartenir de plein droit. Nous sommes en 1902, Desgrange ne décroche pas et, au mois de mai, il se lance dans l'organisation de Marseille-Paris, une course d'endurance inspirée de Bordeaux-Paris, remportée par le Français Lucien Lesna. Elle n'est pas renouvelée. Desgrange qui serre de plus en plus Giffard, réitère à peu près le coup de Paris-Brest-Paris, en organisant un Bordeaux-Paris bis, cette course qu'il avait dans la peau, qu'il lui aurait plu de récupérer. En janvier 1903, *L'Auto-Vélo*, défait devant les tribunaux, voit son titre amputé de moitié, réduit à *L'Auto*, dorénavant, aux points de vente. Si Giffard ne peut s'estimer tout à fait rasséréné face aux assauts concentrés de son rival, il lave au moins l'honneur de sa parution. À l'écart des tribunaux, le coup de grâce porté à Giffard va naître de l'initiative de Géo Lefèvre, un transfuge du *Vélo*, passé à *L'Auto*, qui a soufflé à Desgrange l'idée d'un tour de France, en 1903, et qui a lieu. Le cyclisme roi en France, les ventes de *L'Auto* culminent tandis que celles de *Le Vélo* s'écroulent – la publication déjà mise à mal par ses difficultés à rentrer de la publicité, les princes œuvrant pour inciter les industriels à annoncer dans les pages jaunes de *L'Auto* plutôt que dans les vertes de *Le Vélo*. Le 1er novembre 1904, *Le Vélo* rendit l'âme.

Au plus fort de l'affrontement, quels noms d'oiseaux volèrent, quelles invectives acérées se destinèrent les deux belligérants, quelles tensions personnelles que le pugilat engendrait se dessinèrent, l'histoire ne le dit pas. En tout cas, via avocats, et scribes de justice interposés, les deux hommes du monde s'étaient filé une sacrée rossée. Sur les deux, l'un, Desgrange, mieux armé, avait plus d'un tour dans son sac. Par nature, par positionnement politique, philosophique, tout les opposait, Giffard, incliné vers les utopies et un traitement socialiste du sport, Desgrange, résolument acquis aux valeurs d'un nationalisme paternaliste, chantre d'une société où le chef s'imposait. Quelques années après, les deux hommes attiédis, Desgrange tendit la main à Giffard qu'il intégra à la rédaction de *L'Auto*. À sa mort, il lui fit élever une stèle.

Dès que des intérêts sont en jeu, y a-t-il décidément, une logique dans le comportement humain ? Chacun arbitrera qui, dans cet affrontement, fut le gentleman ou le voyou.

Ci-contre :
carte publicitaire pour *Le Vélo*, le quotidien omnisports de Pierre Giffard fondé en 1892. (© André Berger et cie, *Le Vélo*)

5 Centimes
LE VÉLO
JOURNAL DES SPORTS
PIERRE GIFFARD
Rédaction, Administration, Annonces
PAUL ROUSSEAU
10. - Journaux et Lecteurs
VÉLO
Phototypie A. Bergeret & Cie, — Nancy

Pothier
Lucien POTHIER
Champion Cycliste de l'Yonne

LUCIEN POTHIER
(1883-1957)

LE BOUCHER DE SENS – À COUTEAUX TIRÉS

Lundi 25 juillet 1904, dans son article paru à la une intitulé « La Fin », Henri Desgrange, le patron du Tour, laisse dériver sa plume attristée : « Le Tour de France est terminé et sa seconde édition aura, je le crains bien, été la dernière. Il sera mort de son succès, des passions aveugles qu'il aura déchaînées, des injures et des sales soupçons qu'il nous aura valus des ignorants ou des méchants. [...] Nous voici à la fin du second Tour de France, écœurés, découragés, ayant vécu ces trois semaines au milieu des pires calomnies et des pires injures.» Cette 2e édition excécrable s'est disputée sur fond de violences et d'incessants coups fourrés dont sortiront disqualifiés les quatre premiers, Maurice Garin, Lucien Pothier, César Garin, Hippolyte Aucouturier, la victoire imputée au 5e du général, Henri Cornet. Pas une étape, ou presque, sans qu'il n'y eut d'agressions de la part de spectateurs partiaux et échauffés, d'anicroches sportives, de falsifications qui concoururent à obscurcir l'aura de cette épreuve débutée en fanfare en 1903. De partout, dans l'opinion, dans les instances sportives, sa disparition était envisagée. Avec son parcours pléthorique, ses embûches multiples, ses étapes étalées, l'épreuve avait atteint sa limite, outrepassée son seuil de tolérance athlétique, c'étaient en tous cas les arguments avancés. Retour détaillé sur un Tour à couteaux tirés où Lucien Pothier, le boucher de Sens, fit parler de lui, pas exactement en bien.

Lucien Pothier, le muscle noué et l'œil belliqueux, plus qu'une attitude, la signature d'un caractère.

La première étape courue sur 467 km entre Paris et Lyon, les 2 et 3 juillet, dans la capitale des Gaules, où Maurice Garin, le Terrible, s'était imposé, Pothier terminait 2e. La chose parut bizarre. Chuté à Montargis, après réparation de sa machine endommagée, il avait rejoint comme par enchantement la tête de la course puis, flanqué de Garin, il s'était glissé dans l'échappée gagnante. Restait à prouver qu'il avait arnaqué en s'accrochant à une voiture – ce qu'il avoua, sanctionné par une amende. Quoi qu'il en soit, en route, les deux sociétaires de La Française, Garin et Pothier, avaient été attaqués par quatre hommes cagoulés à bord d'une Torpédo, quatre nervis dont on ne sut pas pour qui ils opéraient, désireux d'attenter en particulier à l'intégrité physique de Garin. Les contrôleurs à bord de trois voitures se déplaçant sur le parcours avaient été supplantés. Nous sommes le 9 juillet, vers trois heures du matin, de Lyon vers Marseille, à proximité du sommet du Col de la République. Pour favoriser la fugue d'Antoine Fauré, le régional, qui vient de porter une attaque, une meute d'une centaine d'individus armés de gourdins empêche le peloton de progresser. Maurice Garin, visé encore, s'en sort, une blessure au bras, l'Italien Giovanni Gerbi assommé, un doigt cassé, doit abandonner. Pour disperser les assaillants, les commissaires à bord des voitures sont contraints de tirer des coups de feux en l'air – ils étaient donc armés. Le 13 juillet, lors de la 3e étape qui rallie Marseille à Toulouse, à Nîmes, lors d'un contrôle l'émeute reprend de plus belle : la course neutralisée, des coureurs sont obligés de se réfugier chez l'habitant. Ce jour-là, afin de réparer l'honneur d'un régional mis hors course, le gardois Ferdinand Payan, des licenciés du Moto-Vélo-Club d'Alès sont déchaînés, aveuglés par une passion justicière. Le Tour de France vendu comme un monument d'union nationale cédait devant le chauvinisme des orgueils régionaux. Le jeudi 14 juillet 1904, dans *L'Auto*, Henri Desgrange écrit : « [...] si le public est excusable de se passionner pour les grandes batailles de la route, il devient inexcusable lorsqu'il veut favoriser la chance de tel ou tel coureur par des procédés violents et qui ne sauraient dans cette voix aboutir qu'à un résultat : celui de la suppression pure et simple des courses sur route. » Aucouturier, vainqueur à Toulouse, Beaugendre, Garin, Pothier franchissent la ligne avec plus de 8 minutes de retard, les deux derniers cités conservant les deux premières places du général. Le 16 juillet, voici venir la 4e étape, Toulouse-Bordeaux, 268 km disputés de jour, une peccadille en comparaison des trois premières. Par cette disposition, les organisateurs comptent s'éviter les regrettables incidents qui se sont produits lors des deux précédentes étapes. Pourtant, l'atmosphère est tendue, et même un peu irrespirable, les coureurs étant les premiers menacés. Dans la traversée de Grisolles, des malfrats ont répandu de la semence de tapissier et des tessons de bouteille sur la chaussée. Ce festival « pneumaticide » condamne les concurrents touchés en masse à rechausser des chambres neuves en un intervalle où, pourtant, le règlement veillait de près au changement de matériel. Près de l'arrivée, la course est neutralisée sur 7 km. Les coureurs de tête, rapprochés de l'entrée du vélodrome devront y accomplir trois tours de piste. Du lot, Pothier l'emporte. Jamais très présent, par magie, un peu, il surgit toujours au bon moment. Le lendemain *L'Auto*, pour minorer cet énie acte de sabotage, se limite à évoquer la litanie des crevaisons survenues dont l'une des premières victimes ne fut autre que l'enfant du pays, Jean Dargassies. Maurice Garin plastronnait toujours en jaune devant son inaltérable équipier de La Française, Lucien Pothier. À ce point, témoin de l'état d'esprit ambiant, Garin s'alerte : « Je vais gagner ce Tour de France si je ne suis pas assassiné avant d'arriver à Paris. » Les 2 dernières étapes qui se déroulent sans incident majeur n'apporteront plus de changement au classement jusqu'à Ville d'Avray, terme de cette édition bouclée par 33 survivants sur les 88 qui s'étaient présentés au départ.

Le grand déballage pouvait commencer. Dans les colonnes de son journal, Desgrange ruminait : « J'en aurais fini en affirmant que si nous n'avons pas réprimé toutes les fraudes qui ont eu lieu sur ce Tour, nous avons puni toutes celles dont nous avons eu la preuve évidente. » Omnipotent, à la fois patron de l'épreuve et membre des instances vélocipédiques, jouant sur deux terrains, Desgrange influa de son magistère moral pour que l'affaire ne s'endormît pas. En novembre 1904, au miroir de son investigation menée quatre mois plus tôt où elle avait sévi à l'encontre des quatre premiers d'un Bordeaux-Paris arrangé, l'UVF débuta son enquête. Des dizaines de concurrents auditionnés, à l'issue de ce tamisage, les 4 premiers furent déclassés, les victoires d'étapes annulées au détriment de ceux concernés dont Pothier. Au total, 29 coureurs étaient incriminés. Cette décision s'accompagnait de sanctions suspensives : Garin, suspendu deux ans, Pothier, à vie. La mesure serait commuée en trois ans de suspension.

Les archives de l'UVF éparpillées, perdues, au cours de la guerre, il ne reste guère de traces des motivations de cette commission de discipline. Pour toujours, il sera impossible de savoir les griefs exacts retenus contre le boucher de Sens, Lucien Pothier, un courageux, un âpre à l'asphalte, d'un physique franco de port, belliqueux presque. Il est assez couramment supposé qu'il aurait été accusé d'avoir emprunté le train sur certains segments, cette hypothèse concevable reste cependant à prendre avec des pincettes, aucun témoignage à la suite n'ayant émergé pour la corroborer. Dans les faits, par antériorité, depuis 1903, il possédait une ardoise sur le Tour, repéré pour avoir fait chuté un dénommé Augereau lors de la 5e étape puis piétiné son vélo afin de favoriser Maurice Garin, son leader à La Française. Afin de ne pas ternir son épreuve à l'essai, Henri Desgrange avait fermé les yeux. En 2 éditions consécutives, le nom de Pothier filait attaché à une agression, à une tricherie démontrée et à d'autres présumées. 3 ans après, en 1907, sa peine purgée, il revint sur le Tour. En 1921, à 38 ans, il raccrocha son vélo au clou, ayant ouvert un café : Au Tour de France. À jamais enfouis au fond de lui-même, de ces deux épisodes douteux sur la Grande Boucle qui avaient momentanément entaché son honneur, le boucher de Sens passé au comptoir n'en reparla jamais.

Cette année 1904, ce saigneur du bitume aura pâti d'avoir en quelque sorte confondu les plats de côte avec les côtelettes, ou l'inverse, d'avoir trahi *L'Auto* en prenant le train. Pour arbitraire que soit ce délibéré, il reste comme le seul qui fasse à peu près sens – pour l'intéressé, domicilié à proximité, un retour aux origines.

HENRI PÉLISSIER (1889-1935)

L'AÎNÉ DES SOUCIS

Esprit sombre et revêche, Henri Pélissier donna de l'encre à couler à la presse d'alors dans la rubrique Sports précédant celle des faits-divers. Au tournant de la Belle Époque, les Pélissier, c'est une famille traditionnelle, d'un bloc, aux origines rurales, du Cantal, écrasée par un père obscur et bosseur, au caractère emporté, partial, qui le transmit à au moins deux de ses rejetons, Henri et Francis, ses dignes légataires en l'espèce. Quel complexe agissant aura frayé dans cette maison ordonnée où le père prescrivait, où la mère se rangeait à ses diktats, couvrant de son mieux ses fils, Henri, Jean, Francis, Charles, encore que dans le cas de l'aîné qui nous intéresse, elle se soit effacée. Comment n'aurait-elle pas pu ? Le père gardait un œil serré sur lui, qu'il dut duper pour se procurer son premier vélo, puis un second – avec des boyaux, un Labor !–, pour s'inscrire dans un club, à l'Union vélocipédique du XVIe arrondissement de Paris (UV.16), et s'aligner au départ de ses premières courses de licenciés en cette année 1906.

Le hasard qui goupille de belles exactitudes aura œuvré à juste escient pour faire naître Henri – l'aîné des soucis – d'un père, nourrisseur – marchand de lait –installé à la Vacherie de l'Espérance située près de la place Victor Hugo. « Le cyclisme cette vacherie ! », le père n'en démord pas, qui détourne du travail, pour lequel Henri nourrit des espérances. À ce sujet, entre eux les frictions se multiplient. En 1906, le fils émigre chez un cousin à Issy-les-Moulineaux, par ce repli il est plus à même de sacrifier au cyclisme. En 1909, il est frappé d'une congestion pulmonaire. Guéri, en 1910, sous les couleurs la Société sportive de Suresnes, placé sous l'égide de la Fédération cycliste et athlétique de France concurrente de l'Union vélocipédique, il accumule les victoires dont Paris-Le Havre. Son premier coup de gueule notoire retentit lors du Tour de France Peugeot des Indépendants, lésé selon ses dires à l'issue de la 10e étape à La Rochelle. Oublié sa menace d'abandon, il repart et s'arroge la 3e place sur le podium à Paris. À cette occasion dorée, il se réconcilie avec son père.

Henri Pélissier, en 1919. (© Collection privée)

Professionnel chez Thomann en 1911, il remporte le Tour de Lombardie comme en 1913, coïncidant à son premier pugilat. La ligne franchie, l'Italien Costante Girardengo l'accuse de l'avoir fait chuter.

LE PLUS GRAND HEBDOMADAIRE DES FAITS DIVERS
8e Année – N° 341
1 fr. 50
Le jeudi 16 PAGES
9 Mai 1935
DIRECTEUR : Marius LARIQUE
DETECTIVE
HENRI PÉLISSIER
ICI AU DÉBUT DE SA GLOIRE
par
CHARLES LACQUEHAY

Le 9 mai 1935, Henri Pélissier apparait à la une de *Détective*, le magazine du crime, après qu'il a été abattu par sa compagne, Camille Tharault qu'il malmenait. (© *Détective*)

Ses supporters se jettent sur le Français. Poings ! Bien qu'il se soit extrait de la mêlée grâce à Jean Alavoine, le bien nommé, son exfiltration nécessite l'intervention d'un peloton garni de carabiniers. De retour en France, souffrant de multiplies contusions, il doit subir une intervention chirurgicale suivie d'un mois d'hospitalisation.
En 1913, lors de sa première participation au Tour de France, il décroche une étape. L'année suivante, il en glane trois et termine second au général derrière le Belge Philippe Thys. Le protégé de François Faber, copain de bitume de Lucien Petit-Breton, donne à rêver d'avenir en une année qui en réserve peu quand éclate la guerre en août. Pour sa faible constitution, Henri est réformé, une aberration bienvenue dans la noirceur du contexte. Jean, l'un de ses frères, tué en Argonne en mars 1915, l'autre, Francis, affecté au 24e Régiment d'Infanterie en décembre 1914 où il officie en tant qu'agent de liaison cycliste, Henri, qui se sent pousser des ailes patriotiques, à moins qu'il ne ressente un devoir d'aînesse, s'engage. Cette fois, en période de tuerie exacerbée, où le canon réclame sa viande, on ne le trouve plus déficient. Il sera télégraphiste dans l'aviation. Le 11 novembre 1918, jour de l'armistice, il est renversé par un camion, blessé à la tête, qu'il a déjà fragile.

Lorsque les courses reprennent, en 1919, il devient champion de France, remporte Paris-Roubaix, Bordeaux-Paris. Cinq ans se sont écoulés qui ont opéré une saignée effarante en Europe, Henri s'est instauré chez les cracks, trustant les victoires sur les Classiques, le Tour, qu'il remporte en 1923, à trente-quatre ans. Dans *L'Auto* du 13 juillet, le très autoritaire Henri Desgrange lui tisse des louanges, à son physique spécialement : « La vérité c'est que c'est aujourd'hui le lévrier qui l'emporte sur l'homme épais genre Lambot, Scieur ou Heusghem que nous croyions être pour toujours l'homme-type du Tour de France. » Entre les deux Henri, pourtant, depuis deux ans que les Pélissier n'avaient plus daigné s'aligner sur le Tour, des mots durs avaient volé. En 1920, à propos d'une pénalité injustifiée à ses yeux, Henri avait crié son indignation. Pas plus malléable que sa cible, dans *L'Auto*, Desgrange avait ironisé : « [...] quelle nervosité de jolie femme [...] Henri Pélissier ne figurera jamais sur la liste glorieuse. » Solidaires, Henri et Francis avaient promis de boycotter le Tour, ce à quoi ils se tinrent pendant deux ans, une affaire oubliée en 1923 mais qui allait repartir de plus belle en 1924, pour un point de règlement, encore. Dans le détail, Henri a pris l'habitude de revêtir 2 maillots l'un sur l'autre pour se prémunir du froid. Si rien ne l'interdit, en revanche, il est censé les garder sur les épaules du départ à l'arrivée. Lorsqu'à Cherbourg, ce 26 juin, un commissaire zélé vient à l'impromptu soulever son maillot pour se renseigner s'il en porte un second, Henri s'offusque. Il s'épanche auprès d'Henri Desgrange qui s'engage à solder ce différend à l'arrivée à Brest. Dans la tête d'Henri, l'idée germe autrement et, en approche de Coutances, il convainc son frère Francis d'abandonner avec lui. Flanqué d'un troisie larron, Maurice Ville, les deux réfugiés dans un café, Albert Londres, le grand journaliste globe-trotter, les y rejoints. Sous son œil, Henri fulmine, remonté contre l'organisation : « Un jour viendra où ils nous mettront du plomb dans les poches, parce qu'ils prétendront que Dieu avait fait l'homme trop léger. » De mèche pour l'histoire, les frères se livrent à un grand déballage sur les « soins » : « Nous souffrons du départ à l'arrivée. Voulez-vous voir comment nous marchons ! [...] Ça, c'est de la cocaïne pour les yeux, ça c'est du chloroforme pour les gencives. » déclare Henri. Ce sur quoi, Francis renchérit : « On marche à la dynamite. »

Henri Pélissier, champion des cycles Automoto de 1923 à 1925.
(© CP Publicitaire Automoto)

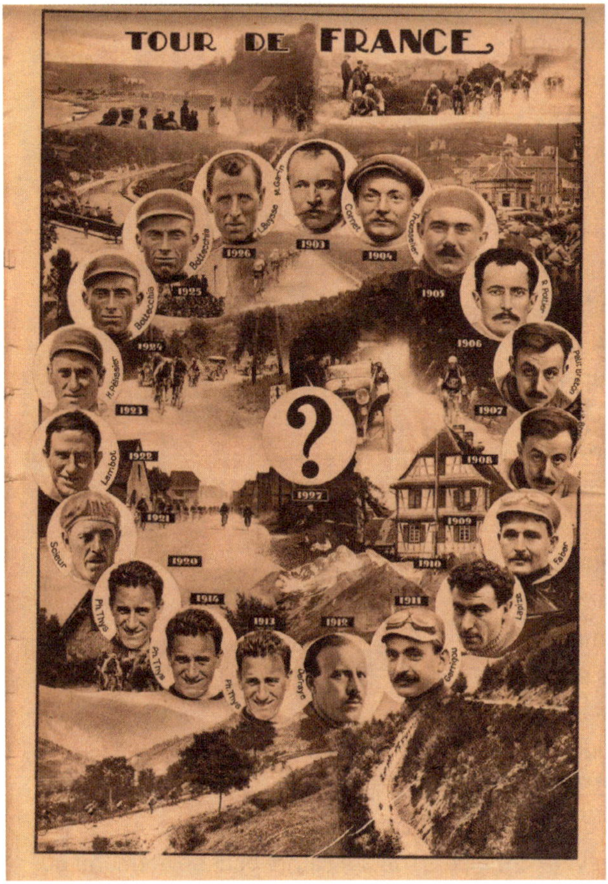

En plus de son verbe haut, d'un physique malingre, de visu, Henri, dit la Plume, la Ficelle ou bien Fil de fer, a de quoi convaincre. Le lendemain, *L'Auto* se fend d'un titre choc : « Un gros coup de théâtre marque la 3e étape – sur un coup de tête incompréhensible, les deux Pélissier et Ville désertent le Tour de France. » Mais le scandale se nourrit de la plume d'Albert Londres qui a intitulé son article « Les Martyrs de la route » dans *Le Petit Parisien*, le quotidien concurrent de *L'Auto*, dont il est l'envoyé. Cet intitulé suscite une réponse piquée d'Henri Desgrange : « Albert Londres, par une association d'idées, découvre les forçats du Tour de France. Quels sont ces forçats? Deux coureurs [...] qui se sont mal préparés et qui se sentent battus. Il écoute complaisamment leurs revendications sociales car, pour des révoltés millionnaires – et ils s'en vantent devant leurs camarades –, c'est la société capitaliste qui les envoie. » De cette réplique vinaigrée naquit la légende des « forçats de la route » suggérée par le retour cinglant du patron du Tour dans sa presse, et non par celui d'Albert Londres – celui-ci débarquant alors de Cayenne, pour un reportage, s'étant affligé de la condition des bagnards, par concomitance, la confusion s'était installée. Consécutivement à cette algarade, une amende de 600 francs est infligée à Henri Pélissier, doublée d'une demande de suspension temporaire, voire définitive, jamais suivie d'effets. La bombe contenue dans la concurrence entre les 2 titres, Pélissier l'aîné, secondé par son cadet Francis, avait allumé la mèche. Entre le patron du Tour et Henri, la polémique se prolonge en 1925. Porté par sa popularité immense, même handicapé par une chute survenue au Circuit de Paris, il se présente au départ du Tour.

Seulement, il abandonne à la 4e étape. Desgrange reprend sa plume trempée dans une encre fielleuse : « Quel mal ne s'est pas donné Henri, l'année dernière, pour nous démontrer que les coureurs du Tour faisaient un métier de forçats et ne marchaient qu'à coups de drogue comme un troupeau d'esclaves. Il trouva, si ma mémoire est bonne, le moyen d'apitoyer le journal *L'Humanité* auquel il avait négligé d'apprendre qu'il s'était enrichi en courant. » Vindicte au centre, match nul.

Atrabilaire, corrosif, Henri Pélissier le fut d'arrache-pied, si rebelle que même excipant d'un palmarès fourni, chéri du public, il apparaît au regard de l'histoire comme un marginal, rétif par principe à la moindre autorité qui n'allait pas dans son sens, et en cela, le calque à peu près de son père qui s'y connaissait en vacherie(s).

En 1926, il raccroche. Pour autant, il ne se détourne pas de la planète cyclisme – directeur sportif du CSI, un club amateur d'élite. Son caractère abrasif ne se dément pas. Fort en gueule en toutes circonstances, il révèle un net penchant pour la bouteille, son tempérament violent s'aiguise, sa conjugalité s'en ressent.

Fin 1933, brisée par ses excès, son épouse Leslie s'est suicidée. Affecté, il est de plus en plus irritable. Désormais, il partage ses jours avec Camille Tharault, sa concubine. Lors d'une scène de ménage qui dégénère, se sentant menacée, le 1er mai 1935, près de Dampierre, à leur domicile, elle le tue d'une balle tirée du même revolver qui avait servi au suicide de son épouse. *Paris-Soir* titre : « À Dampierre, personne n'est étonné du drame. » *Détective*, *France-Police Magazine* relatent dans toutes les largeurs ce drame de l'alcoolisme et de la brutalité. Rattrapé par le *fatum* au terme anticipé d'une vie orageuse, à bout de course, Henri Pélissier avait épuisé l'espérance.

Résolument, dixit Michel Embareck, l'auteur de polars : « Personne ne court plus vite qu'une balle. » – #Balance ton sport !

Ci-contre :
Parmi tous les vainqueurs-pionniers du Tour de France, Henri Pélissier qui remporta celui de 1923.
(© *Match L'intran*, 1933)

Francis Pélissier photographié avec le maillot de champion de France sur le circuit de Longchamp. Il fut vainqueur de cette épreuve à 3 reprises, en 1921, 23 et 24. (© CP Dix Paris)

FRANCIS PÉLISSIER
(1894-1959)
LE CADET DES SOUCIS

Encore sur l'hypothèse freudienne que l'intimité des Pélissier suscite, Francis ne se sera pas retenu de suivre les brisées de son aîné, Henri, jusqu'à se confondre en son double par application plaquée d'un caractère abrasif qu'un père du même acabit leur avait légué. Fils de laitier, donc, toujours près de la bête et de ses bénéfices à traire, par une certaine adéquation fortuite mais saignante, il s'inscrit en 1912 au club cycliste de l'A.S Boucherie. Faim de succès, sous ce maillot, pour l'une de ces premières courses, il remporte le Grand Prix de l'Alimentation, ce qui ne s'invente pas. En 1913, il rejoint la Société sportive de Suresnes, comme son frère naguère, puis le Club athlétique des sports généraux (C.A.S.G), en 1914, alors âgé de vingt ans, il est né en 1894. Comme son frère, il a dû lutter pour se procurer un vélo et s'adonner à la compétition. Plus tard, s'épanchant auprès de Roger Bastide, qui consacre un livre aux illustres frères, assisté d'André Leduc, non sans référence religieuse, il déclarera : « Vouloir faire de la compétition cycliste dans la famille Pélissier, c'était s'exposer à un sort comparable à celui des premiers chrétiens, c'était entrer dans la fosse aux lions. » Enfin, pour ses treize ans, son père se résolut à lui offrir, un vélo – de livreur, une bicyclette, donc, pour faire les courses, et non un vélo qui, lui, sert à faire la course – dixit René Fallet. Dans ce pluriel résidait l'embarras de Francis, fasciné par son aîné. Admiratif compulsif à son égard, il atteste : « Il rêvait quand il donnait ses premiers coups de pédale de devenir Garin ou Trousselier. Je rêvais de devenir un autre Henri Pélissier. »

En 1913, pour l'une de ses premières courses chez les amateurs d'élite, Henri a influé auprès de François Faber, le grand champion d'alors, pour qu'il prête l'un de ses vélos à son cadet afin qu'il dispute Paris-Évreux. Première joute, premiers coups d'épaule dans la bordure, Francis se prend aux rations avec Frank Henry du Vélo Club de Levallois (V.C.L), le cador de sa catégorie en France, qui veut l'évincer de l'échappée. En bon Pélissier, Francis est un grand échalas qui ne pèse pas lourd dans ce genre de course où la largeur d'épaules compte autant que le mollet. 2e à Évreux, devant Frank Henry, l'étoile du V.C.L, il n'a pas abdiqué. En bon originaire du Cantal, les deux pieds dans le labour, à ses débuts, il avait brillé dans les cyclo-cross et, à son adresse innée s'ajoutait une évidente vélocité.

En 1914, la guerre éclate. Pour son héroïsme, parce qu'il avait sauvé son capitaine d'une mort certaine, au Fort de Vaux, en 1916, il reçoit la Croix de Guerre. En août 1917, une balle de mitrailleuse lui a traversé le flanc de droite à gauche, sans dommage exagéré. L'armistice sonné, « les tranchailles » chassées de sa mémoire, rien ne le dissuade de reprendre l'offensive pacifiste sur le braquet. Un nouveau cycle s'ouvre. En 1919, il passe professionnel dans le consortium La Sportive aux côtés de son frère atrabilaire, autant que lui – les Pélissier estampillés en souverains absolutistes de la colère élevée au rang d'une onction, d'un principe. Dans le cadre de leurs manœuvres conjointes sur la route, ils se distinguent lors de Bordeaux-Paris 1919, en mai, où Henri l'emporte grâce au dévouement sans faille de Francis, au terme d'une édition record où le second, le Belge Louis Heusghem, est relégué à plus d'une demi-heure. Cette course des origines, d'endurance et d'abnégation, cette épreuve épique, Francis se l'arroge en 1922 et 1924, vite surnommé le Sorcier de Bordeaux-Paris.

Retour en juillet 1919, les deux « vachards » participent au Tour de France : Henri gagne la 2e étape à Cherbourg devant Francis, et l'inverse pour la suivante à Brest. Pendant la 4e étape, Henri est attaqué par ses concurrents alors qu'il s'est arrêté pour resserrer sa direction, Francis perd le contact avec les fuyards dont il était. À l'arrivée, Henri démuni de son maillot jaune, décide d'abandonner, Francis le suit. Jamais un Pélissier n'abandonne l'autre. En 1921, les frères mobilisent le podium de Paris-Roubaix, aux 2 premières places – Henri, Francis – confirmant leur image soudée au début d'un récit univoque pour l'histoire. En 1922, entrés en conflit avec le consortium La Sportive, ils optent pour la modeste formation J.B. Louvet dont ils vont assurer la renommée. À cause des règlements vétilleux d'Henri Desgrange, patron du Tour, épaulé par Francis comme il se doit, Henri avait décidé de ne pas participer aux éditions de 1921 et 1922. En 1923, les deux s'alignent au départ pour le compte de l'équipe *Automoto*. Henri l'emporte avec le dossard 23 tandis que Francis termine à la 23e place. Les amateurs de concordances et de subliminal apprécieront. Puis adviendra le scandale de 1924, déjà évoqué, celui des forçats de la route, (*cf.* Henri – l'aîné des soucis), où Francis ne s'économisera pas, exaspérant Henri Desgrange qui

Francis Pélissier
ou : mon frère avait raison !

Pour son comportement calqué sur celui de son frère aîné, Henri, Francis se prête à la caricature.
(© CP Champions d'aujourd'hui)

déplora l'emprise de son aîné sur lui. Directeur sportif de l'équipe La Perle, en 1946, revenu à de meilleurs sentiments, Francis Pélissier modéra : « Nous l'avons (Albert Londres) un peu bluffé avec notre cocaïne et nos pilules ! Ça nous amusait d'emmerder Desgrange. Cela dit, le Tour de France, en 1924, c'était pas de la tarte. » Entre l'autoritaire patron du Tour et de *L'Auto*, et les frères, le feuilleton vengeur se poursuivra, laudateur, soudain, avec l'irruption du troisie, Charles, sur le circuit professionnel en 1922. En 1925, le 1er juillet, Desgrange ironise à propos de l'abandon d'Henri, qui ressurgit sur Francis : « Francis Pélissier pleure. [...] Que va-t-il devenir, pauvre petit sans son Henri ? » Entre les deux parties, le bras de fer persiste.

Pour un inédit sur le Tour, Francis va encore faire parler de lui, en 1927, lorsqu'il se défile ceint du maillot jaune dans la 6e étape. Entre le Tour et lui, ce ne fut jamais une histoire d'amour, vainqueur de deux étapes en 6 participations entre 1919 et 1927, il n'acheva que celui de 1923. Sa gloire effective, Francis Pélissier, « Le Grand », la tire davantage de Bordeaux-Paris mais aussi des Championnats de France qu'il remporta à 3 reprises en 1921, 1923, 1924. En gaulois revendicatif, le tricolore lui seyait.

Sa santé entamée, il met un terme à sa carrière en 1932.

Dans sa nouvelle fonction de directeur sportif, à partir de 1933, chez Mercier, il s'attirera les louanges de Jacques Goddet, reconnu comme stratège de haut vol. Pour autant, encore sourcilleux, il finit par entrer en conflit avec Edmond Mercier. Passé chez La Perle, en 1946, la perle, il la dégotte en la personne d'un jeune Normand de dix-neuf ans qui écrase le Grand Prix des Nations, en 1953 : Jacques Anquetil.

Au début de l'année 1959, en février, Francis Pélissier se sent au plus mal. Pour se confesser, il demande un prêtre qui s'est déplacé de Mantes-la-Jolie, près de chez lui. Sa compagne Maria rapporte les derniers instants de celui qui ne fut jamais un enfant de chœur mais auquel la religion importait par tradition familiale, qui, reconnaissant n'avoir pas toujours été un chrétien exemplaire, aspirait à se mettre en paix avec sa conscience. À ce prêtre néophyte, il concéda : « Je ne désespère pas d'aller au paradis mais je ferai un petit tour en enfer pour rendre visite à quelques vieux copains. » Depuis 24 ans que son frère l'avait précédé de l'autre côté, le ciel en ligne de mire, Francis s'apprêtait par une certaine logique à respecter le classement de leur arrivée sur terre.

Que sera-t-il advenu ensuite ? Foi de Pélissier précédant Audiard : « Ça n'est pas parce qu'on a rien à dire qu'il faut fermer sa gueule » Non ?

CHARLES PÉLISSIER (1903-1959)

LE DANDY DES GRANDS CHEMINS*

Comme celles de Belleville, les Pélissier fonctionnaient en triplette. Et bien que Charles, « le petit dernier », ne devrait pas figurer dans ce sommaire, par une évidente liaison que la piété familiale impose, voici qu'il y prend sa place. À part de ses deux frères aînés, il se présentait raffiné, le port d'un dandy, et la vêture à la ville qui allait avec, d'une élégance incomparable sur la selle, d'un naturel tempérant ; en comparaison de ceux de ses devanciers amalgamés, ce n'était pas si difficile : il était calme, posé. Ici, il faut considérer Charles comme un bad boy par défaut. Par probabilité, sa relative pondération devait découler du changement d'activité du paternel embourgeoisé : la Vacherie de l'espérance reléguée aux oubliettes quand le cheval moteur conquérait les routes, il s'était reconverti en garagiste-pompiste. Oublié le temps où à son entrée au pensionnat Saint-Nicolas à Buzenval, Charles était regardé comme un petit bouseux par ses congénères, dorénavant il était le fils d'un homme qui pratiquait un métier moderne. Et parce qu'autant que jambes, mains de Pélissier produisent toujours leur effet, en quelques torgnoles distribuées, il avait su se faire agréer. Puis, il était le frère d'Henri, le célèbre. En 1913, celui-ci, récent vainqueur du Tour de Lombardie, lui offre sa première monture de marque Thomann. Le virus est pris. Charles sera coureur, comme Henri et Francis, mais différemment sur le plan de la courtoisie, et même à l'inverse. En fils de ses frères, un peu, il se projette, une licence en poche, prise en 1920 au Club sportif de la Seine, maillot blanc dégradé tango, avec le jet qui lui sied, élancé, il mesure 1,86 m. Même avec des performances imparfaites dans les rangs amateurs, à vingt ans, en 1923, il rejoint ses aînés chez les professionnels dans l'équipe J.B. Louvet. Jean, le père, n'aura pas à eu à s'en flatter, il est décédé en février. En avril, pour une première, les 3 sont au départ de Paris-Roubaix. Ils terminent ensemble dans le peloton de tête où figurait Girardengo, l'ennemi chevillé d'Henri, et que Francis a soigné par un coup de coude en vue du sprint. Mission accomplie, l'Italien laisse échapper la gagne. En septembre, alors qu'il se consacrait à son sport exclusif, Charles découvre l'amour avec Léone dont la passion semble l'épuiser. Dans les phares de *L'Auto*, le journal de Desgrange dont on connaît les rapports épicés avec Henri et Francis,

Charles Pélissier, le plus sociable de la fratrie. (© Pressesport)

* Antoine Blondin.

De gauche à droite, Charles Pélissier, avec ses frères, Francis et Henri, pose au départ du Critérium des as en 1926. (© DR)

Charles est épié. D'un trait imagé, Charles Ravaud, l'un des rédacteurs, le rudoie : « La vigne a le phylloxera ; Charles Pélissier, lui, a le «crobe». Voici, un jeune coureur plein de qualités qui devait simplement suivre le chemin tracé par ses frères pour réussir une brillante carrière, il succombe aux premières tentations de la vie [...] ce « crobe » a mis Charles sur le flanc. Ça n'est plus un coureur cycliste, c'est un fer à repasser. » Précédé de son nom, par son prénom, il stimule les plumes. Et les dames. Quatre ans, plus tard, le beau Charles séduit Madeleine, la femme de Pierre Viel, un manager de pistards. Ce qui, non par morale mais par discipline, déplait à Henri qui l'a déjà prévenu : « Un champion qui prend une femme se met une borne au guidon et un pavé dans la musette. »

Bientôt, en référence à son aura de séducteur et à celle de Rudolph, à l'écran, le benjamin de la fratrie se voit nimbé du sobriquet flatteur de « Valentino » doublé de celui, plus plébéien, de « Charlot ».

À ses débuts en 1925, prolongeant la litanie de ses frères, il dédaignait le Tour de France. Spectateur de l'épreuve, en haut du Tourmalet, il s'est laissé aller à dire à ceux, inconditionnels, à son écoute : « Votre Tour [...] c'est un travail de bête, pas de pur sang. Ces sentiers de chèvre en montagne, est-ce fait pour des chrétiens ?[...] La classe, c'est la détente, c'est la vitesse, c'est le final d'un ville-à-ville. » En 1929, convaincu par son épouse Madeleine, il daigne participer à son premier dans lequel, à 26 ans, grâce à ses qualités de sprinter, il remporte la 16e étape à Belfort. Révolu le temps où Desgrange dans *L'Auto*, le 3 juillet 1925, épinglant Francis, 3 ans auparavant, l'atteignait par ricochet – Charles Pélissier qui, à 23 ans, n'a pas encore trouvé le moyen de gagner une course (le père du Tour se trompait d'1 an, il n'en avait que 22). Dorénavant, celui-ci, peu avare de paradoxes dès lors que son épreuve en sortait grandie, ne se retint plus de l'honorer. Dans un article de *L'Auto*, le 24 juillet depuis Metz où, à l'entrée, il émet des réserves sur le profil de Pélissier III, il conclut : « Je crois que ce grand corps interminable, et qui possède une qualité incontestable, peut devenir le corps d'un athlète parfait en 1930 et celui d'un gagnant du Tour de France. » Dorénavant, détenteur d'une popularité absolue, apprécié pour sa mise – il lance le port des gants blancs avec la socquette assortie –, dans son maillot bien tiré, sa silhouette repérée, il magnifie son sport. Pour cette empirée, Desgrange se prend à le couver de ses attentions bienveillantes : « Il a l'abattage de ses aînés ; il leur est un animateur égal, un technicien, je crois, supérieur à ses 2 frères et un tacticien certes supérieur à Francis, sans doute égal à Henri. » Pour une première sur le Tour couru par équipe nationale, le beau Charles ceint du maillot tricolore rafle 8 étapes, porteur du

Charles Pélissier, vedette des cycles Automoto pendant deux saisons en 1924 et 1925. (© CP Automoto)

Pendant le TOUR, le "MIROIR DES SPORTS" PARAIT le MARDI et le SAMEDI
Le Numéro : 75 Centimes. Mardi 27 Juin 1933. - N° 713
LE MIROIR
DES SPORTS
LA JOIE ET LA CONFIANCE
régnent dans l'équipe de France, dont les huit coureurs ont bien voulu se grouper pour nous, en exclusivité, et avec le sourire. De g. à dr. : Speicher, Lapébie, Le Grevès, Antonin Magne, Charles Pélissier (en haut), Archambaud, André Leducq, Le Calvez. Et maintenant, en route pour le Tour 1933.

À la une du *Miroir des Sports*, le benjamin des Pélissier, en haut, au milieu, au milieu de ses camarades de l'équipe de France 1933 parmi lesquels Antonin Magne, Georges Speicher, André Leducq. (© *Miroir des Sports*, 1933)

maillot jaune, une journée, 9e au final.
À n'en plus finir, au plus haut des cieux – Alléluia ! – sa marque et son employeur en cette année bénie.
En 1931, sous contrat chez Génial-Lucifer, comme par imprégnation il renoue avec la coutume belliqueuse des frangins au terme de la 22e étape, avec l'Italien Guerra, son challenger attitré depuis le départ. Dans la ville natale de Rimbaud, où lorsque les voyelles s'échauffent, on en vient aux mains, il faut séparer les deux bretteurs portés de part et d'autre par un fort élan patriotique, les Français et les Italiens à couteaux tirés. Charles, encore vainqueur de 5 étapes, empoche des cachets considérables lors des exhibitions sur piste.
Ce privilège lui vaut quelques inimitiés dont celle d'André Leducq, un mousquetaire de sa classe. Desgrange, adverse à la présence des épouses sur le Tour, a accordé la permission à Madeleine de s'y rendre, confirmant ainsi au vu et au su de tous que Charles fut son chouchou. D'autant qu'au mois d'août 1931, il l'avait invité chez lui, à Grimaud, afin de lui révéler l'instauration d'un syste de bonifications pour les arrivées au sprint en 1932, susceptible de le favoriser dans l'optique d'une victoire finale. Il sera forfait. Pour qu'il brille à nouveau sur le Tour, il faudra attendre 1935, vainqueur de 2 étapes à l'entame de son déclin. Entre Desgrange et le beau Charles, la complicité se perpétue si bien qu'Henri, resté sur ses positions, décoche un jour à son benjamin : « Tu es devenu le larbin de Desgrange. »

En fin de carrière, il se dédie davantage à la piste, aux Six Jours de Paris, vainqueur en 1930, associé à Armand Blanchonnet. En 1937, confirmant sa renommée spectaculaire, il lève l'ancre pour une tournée de défis sur home-trainer avec le cirque

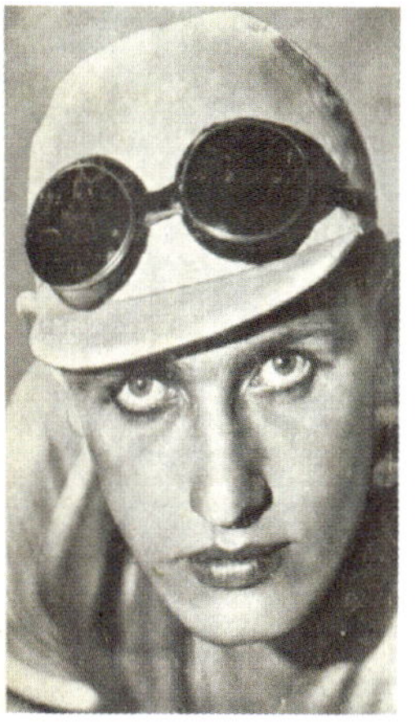

Habile sur piste, chéri du public en rapproché, Charles Pélissier ne se priva pas d'écumer les vélodromes. (non crédité)

Pinder, où il retrouve André Leducq, son ami, rival, lui, aussi, chéri des foules.
Celui qui « se promenait toujours avec un sourire à quatre francs quatre-vingt quinze », dixit son frère Henri, raccroche fin 1938, année pendant laquelle, au mois de juillet, il commente le Tour pour l'émission d'Auto-Radio-Luxembourg. À la suite, il sera relations-publiques pour les Six Jours de Paris. Grâce à lui, le métier de coureur cycliste quitta son statut de tâcheron pour celui d'artiste. Veillant à son image, « Valentino » Pélissier contribua à rehausser le prestige vacillant d'un sport né de l'inhumanité et qui se différenciait souvent par l'impolitesse de ses exécutants : « J'ai voulu qu'on ne soit plus étonné de voir un coureur cycliste se servir correctement d'une fourchette à huitres ou soutenir une conversation sur un sujet autre que la bicyclette. » Une prévenance
qui lui valut des amitiés dans le gotha artistique de son époque, Maurice Vlaminck, André Dunoyer de Segonzac, Maurice Chevalier, Tino Rossi, Mistinguett.

Le beau Charles décède prématurément en 1959, à l'âge de cinquante-six ans, quelques semaines seulement après la mort de son frère Francis. Les trois Pélissier, à nouveau réunis, peut-être, ont-ils entonné à cette occurrence une sorte de Marseillaise conjointe : « Allons enfants de la fratrie, le jour de se revoir est arrivé. » Au final, l'unanimité, aussi, est une forme d'élégance.

PAUL DEMAN

Gagnant du vingt-quatrième Bordeaux-Paris.

Supplément au numéro 818 de la *Vie au Grand Air*.

PAUL DEMAN

(1919-1983)

LE TAISEUX ET SON DOUBLE

Routier-sprinter émérite en son époque pionnière, Paul Deman eut 2 existences mal emboitées, l'une qui le fit accéder à un embryon de reconnaissance sportive, l'autre, historique, en vertu de circonstances qu'il se serait bien épargné : 1er vainqueur du Tour des Flandres en 1913, insigne à comptabiliser le doublé avec Paris-Roubaix à sept ans d'intervalle (1920), et espion durant la Première Guerre mondiale : une activité qui faillit lui coûter la vie à cause d'un malentendu que cette implication suscite assez naturellement.

À son égard, notifiée à l'encre sympathique, la postérité aura été discrète autant qu'il le fut sur les deux fronts de sa vie aventureuse, tant que pour le dépeindre, il nécessite un peu d'imagination et de prendre aux mots ce que quelques commentaires congrus attestent de lui. Où l'on apprend que, professionnel à l'âge de vingt ans chez Saphir en 1909, il remporte le Tour de France 1911 de la catégorie des isolés – 13e au général toutes catégories confondues, ce qui à tout le moins d'un point de vue sémantique le classe d'emblée à part– isolé – et qui, d'un autre, strictement irrationnel, l'établit par son classement chez les malchanceux – 13, le chiffre redouté. Notons encore qu'après l'armistice tandis qu'il reprit ses activités de coureur cycliste professionnel, il évolua dans la catégorie des individuels comme un peu « borduré » ainsi qu'en jargon cycliste l'on désigne le banni

Ci-contre, à gauche : mi souriant, mi mélancolique, Paul Deman tel qu'en lui-même. (© PresseSports)

Ci-contre à droite : Paul Deman, chez Saphir, à ses débuts. Et, déjà, cet air discret dénotant une nature rentrée qui plombera sa notoriété. Encore que ce ne fut pas la seule raison. (© CP publicitaire Saphir 1909)

qu'aucun abri ne protège, otage du vent qui aura bientôt raison de lui. À son palmarès étoffé passé à l'as clignote Bordeaux-Paris 1914, Paris-Tours 1923. Adepte des courses d'un jour, il participa, cependant, 4 fois au Tour de France entre 1914 et 1923.

Sa maison natale située à 500 mètres de la frontière française, il aurait pu aussi bien être Français. Débarqué au monde à Rekkem en Flandre de l'Ouest, écartelé entre deux cultures, la flamande et la wallonne, dans un climat où le nationalisme vole déjà, au lendemain de sa victoire dans le tour de sa province, il se voit épinglé dans les colonnes de *Sportwereld* par Karel Van Wijnendaele, son patron, l'instigateur de l'épreuve : « Paul Deman fait partie des meilleurs coureurs flamands, au moins sur le papier. » Peut-être réside-t-il dans cette ségrégation, la clef de la non-popularité de notre personnage peu disposé à s'épancher de mémoire de plumitif.

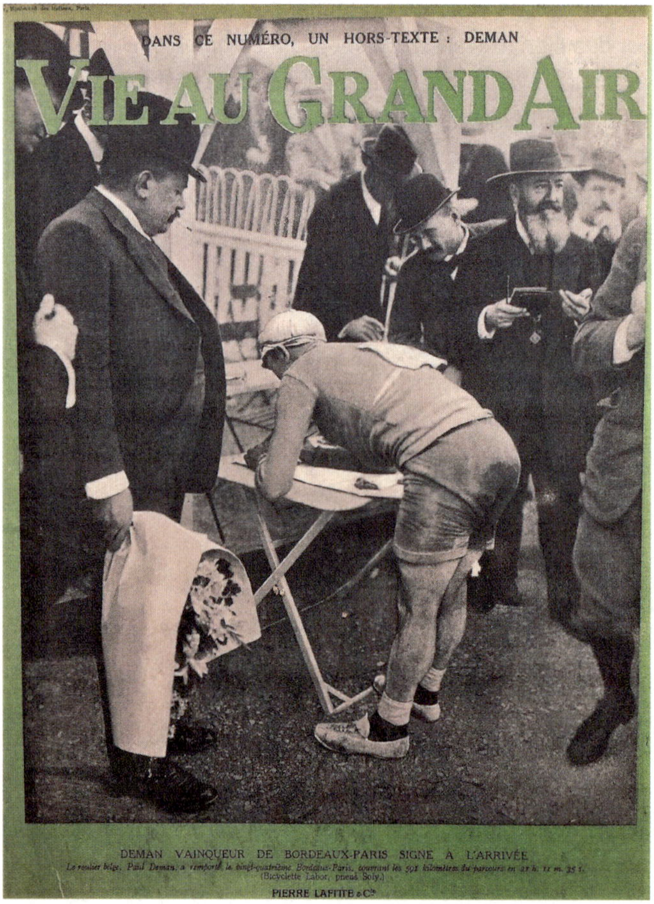

Paul Deman signe la feuille d'arrivée du 34e Bordeaux-Paris le 17 mai 1914. (© *La Vie au Grand Air*)

Lorsqu'éclate la Première Guerre mondiale, en Belgique occupée, son profil adapté, il intègre le réseau de renseignements La Dame Blanche, d'essence britannique opérant pour les alliés. Si sa discrétion a peut-être joué en ce sens, à coup sûr sa position de coureur cycliste aura aussi influé, opportune à acheminer fissa des messages de l'autre côté de la frontière néerlandaise. À la 14e reprise, il est intercepté par l'occupant germanique, un message roulé dans sa fausse dent creuse en or. Comparu devant un tribunal militaire, son exécution est prononcée le 10 novembre. Le 11, les hostilités interrompues en Belgique, miracle : un officier anglais se présente à lui. Pourtant, il n'est pas libéré. Par équivoque, son bon accent allemand lui coûtant d'être suspecté en agent de l'autre bord, sa condamnation à mort est prorogée. *In extremis*, sur le poteau, un télégramme du gouvernement belge le blanchit, et le sauve.

D'un peloton à l'autre, de celui compact de compétition à celui d'exécution réduit à douze, Paul Deman l'aura échappé belle, lui, qui, en matière d'échappée(s) belle(s), s'y connaissait. Pour lui, jamais une foule n'avait vibré, mais contre lui, les armes s'étaient rassemblées. En une sorte de Bridet, le héros mal parti d'Emmanuel Bove dans *Le Piège*, Deman se sera filé dans de beaux draps, éternel cocu des honneurs, affilié à la troupe des poissards, des funambules attachés au vide par prédestination.

La discrétion à outrance est mère de bien des injustices qu'un coup de phare, parfois, voudrait réparer.

ALBERT RICHTER
(1912-1940)

« *NICHT HITLER !* »
L'HOMME QUI NE LEVAIT PAS LE BRAS

Sauf sur piste, dans le cadre d'un match de vitesse, « le canon de Ehrenfeld », Albert Richter ne fit jamais aucun dégât collatéral : un canon pacifiste, en somme. C'est l'histoire d'un juste qui s'opposa au nazisme et qui le paya de sa vie.

En juillet 1934, l'an Un de l'accession d'Hitler au pouvoir, alors qu'il décroche son 2e titre de champion d'Allemagne de vitesse sur le vélodrome d'Hanovre – il en additionne 7 entre 1933 et 1939 –, ce natif d'Ehrenfeld, un quartier populaire de Cologne, en 1912, se garde d'effectuer le salut nazi. Sur une photo mémorable, au centre d'un groupe aux ordres, il reste le seul à ne pas saluer, son bras gauche ostensiblement posé sur l'épaule de son entraîneur juif, Ernst Berliner, un ancien champion cycliste. Envers et contre tous, obéissait-il à ce point à l'observation de Bertold Brecht : « La provocation est une façon de remettre la réalité sur ses pieds. » ou bien ne faisait-il que souscrire un trait de conscience lui dictant de ne pas cautionner un régime dont il subodorait la barbarie ? Les deux auront fonctionné.

Cette même année, il dispute les Championnats du monde à Leipzig, ceint de l'ancien maillot allemand orné de l'aigle impérial ignorant intentionnellement celui, officiel, siglé de la croix gammée. Nul ne peut douter dans un contexte grégaire, et sûrement pas les autorités, que cet athlète prestigieux, le meilleur sprinter allemand et du monde, entre les deux guerres, rejette sa politique dont la finalité via le sport est de « restaurer le prestige de l'Allemagne, embrigader les esprits, former une élite militaire et préparer les Allemands à combattre ».

Depuis 1933, les mesures antisémites sévissent, interdisant aux juifs de commercer, d'occuper des postes dans l'administration, bref, d'exister. Les plus chanceux sont en voie d'émigrer ou ont déjà fui, les plus infortunés sont condamnés à brève échéance au sort monstrueux que l'on sait. Ernst Berliner, tapissier de métier, en dehors de ses activités d'entraîneur, voit sa boutique régulièrement vandalisée par les sections militaires du parti national-socialiste – la *Sturmabteilung*, les SA. En 1934, il émigre aux Pays-Bas.

Albert Richter, héros d'entre les héros, champion du monde de l'anti-nazisme à domicile, en Allemagne. (© Collection privée)

Caricature d'époque - sans commentaires. (© CP Collection privée)

Cette alliance cosmopolite irrite le régime – qui n'aime pas le cyclisme en général, trop individualiste. Il tarde cependant à la défaire étant donné la renommée internationale de Richter, champion du monde amateur à Rome en 1932, à peine âgé de dix-neuf ans, et de l'indéniable compétence de Berliner, les deux liés d'amitié et de sport. Dès 1933, l'aîné a conseillé à son poulain de s'éloigner d'Allemagne autant qu'il le peut grâce à ses activités professionnelles sur piste. Les autorités voudraient alors lui imposer un entraîneur aryen mais il décline. Membre du *Sprinter Wandergruppe internationale*, un team composé aussi bien du Français Louis Gérardin que du Belge Jef Scherens, il sillonne l'Europe, replié la plupart du temps à Paris où il a dominé le Grand Prix en 1932. En cette période, la capitale ne compte pas moins de quatre vélodromes, avec un calendrier jalonné d'épreuves mensuelles, gains garantis. Au Vél d'Hiv, il se singularise dans les matchs de vitesse, conquérant le cœur du public qui le sait francophile et qui scande : « Richter pas Hitler ! » En référence à sa puissance de s'arracher, il est surnommé « le huit cylindres allemand ».

À partir de 1938, un officier SS est nommé à la tête de la Fédération allemande de cyclisme, de plus en plus surveillé par le régime, Richter est contraint de tempérer ses propos consignés, de produire à quelques reprises le salut nazi. À ces instants, on imagine bien quels durent être sa rage et son désespoir. Grand, blond, les yeux bleus, il correspondrait pourtant à l'archétype officiel promu par les nazis qui ne le lâchent plus. Ceux-ci avertis de sa parfaite connaissance de notre langue désireraient le convaincre d'espionner pour leur compte, en vain. En 1939, la Pologne envahie, il sent qu'un conflit généralisé est inexorable – le 1er septembre, alors qu'il vient de rafler une médaille de bronze aux Championnats du monde de Milan, la compétition est interrompue. Ni la France ni l'Angleterre ne resteront neutres. Dans cette perspective déchirante, Richter se formalise : « Je ne peux pas devenir soldat. Je ne peux pas tirer sur des Français, ce sont mes amis ! » Afin de déserter, il s'organise.

Vainqueur du Grand Prix de Berlin, le 9 décembre 1939, au bout du mois, il s'achemine vers la Suisse en train. À proximité de Bâle, avec pour seul bagage une valise, et son vélo qui lui sert de couverture, il est arrêté par la Gestapo. Détenteurs d'informations, les inspecteurs se sont précipités sur le vélo, sur les roues, les boyaux, à l'intérieur desquels ils trouvent des billets roulés, pour une somme de 12 700 marks. De toute évidence, il a été dénoncé, vraisemblablement par l'un de ses concurrents face auquel il aurait eu tort de s'épancher ou quelque chose de cet acabit, dans une Allemagne tamisée à la personne près par les services de renseignements.

Incarcéré à la prison de Lörrach au prétexte fallacieux de trafic de devises, le régime hésitant à le coffrer tient son motif. Le 3 janvier 1940, Richter est retrouvé pendu dans sa cellule. Selon la Gestapo, il s'est suicidé de honte au cours de la nuit. Dans la foulée, le Fédération allemande de cyclisme communique : « Son nom a été effacé de nos rangs, de nos mémoires, à jamais ». D'un cynisme avéré, les autorités ont remis à la famille son cercueil plombé, avec défense de l'ouvrir, ainsi que d'annoncer le décès du champion, leur fils et frère. Il avait vingt-sept ans.

Contrairement à une large frange des Allemands, hormis les convaincus, Richter ne s'est pas renié et son abnégation n'en finit plus d'exposer le proble moral de l'implication personnelle en proportion de la lâcheté du nombre. Car, après tout, si l'un peut résister, pourquoi les autres ne le pourraient-ils pas ? Bien sûr, ceci équivaut à raisonner dans le meilleur des mondes, alors que le dilemme intervenait dans le pire. Il ne peut pourtant se développer que dans ce schéma. Partant, le sacrifice – involontaire – de Richter en ressort grandi, multiplié par la somme des probables que sa lutte parmi les vivants aurait magnifié davantage. Si la mort ne l'emporte sous aucune forme, ici, cependant, elle se pose comme une borne essentielle sur le chemin du souvenir des quelques irréductibles qui n'ont pas cédé.

En 1967, le suicide retenu comme cause officielle de son décès sera abrogé, notamment sous la pression d'Ernst Berliner, survivant, ayant émigré aux États-Unis et qui accomplira à plusieurs reprises un pèlerinage militant à Cologne pour que cette odieuse contre-vérité soit rectifiée. En 1977, le vélodrome de Cologne porte son nom. Depuis 2008, Albert Richter a été intronisé au *Hall of Fame des Deutschen Sports,* le panthéon du sport allemand.

Gloire éternelle aux empêcheurs que rien n'empêche.

RENÉ VIETTO
(1914-1988)
LE TACITURNE LUMINEUX

Fervent de solitude, il aimait s'entraîner de nuit. Les gouffres l'attiraient où il se serait volontiers expédié. Plus d'une fois, sur le Tour, en montagne, il confessa avoir été traversé par l'envie de se jeter dans le ravin afin de s'abstraire de la course, une sorte de lubie énigmatique pour ce pessimiste avéré : « Je n'ai jamais tellement aimé la vie, je la considère comme un passage. » L'œil bleu irisé– azur et huître – mélangé d'une mélancolie foncière et de malice, le teint mat, le front haut, une crinière anthracite, il avait le portait de son caractère. Plus de 25 ans après la fin de sa carrière, en 1974, cet ancien groom d'un palace méditerranéen jaugeait s'être possiblement privé d'une vocation de peintre retiré sur le motif, lui qui n'aimait rien moins tant que la nature, ses reflets, le silence qu'il imposait à ses compagnons d'endurance lors des sorties dans les environs du Cannet dont il était natif. Jamais, il ne sut très bien comment le goût du vélo l'avait happé, comment il avait muté en une passion tant d'un point de vue technique qu'eu égard à sa pratique d'élite. Toujours prompt à des trouvailles afin d'alléger sa monture, jamais avare d'une observation spontanée, pour ses éclats variés, Vietto fut un champion aimé des Français, respecté de l'Europe pédalante d'alors, entre 1935 et 1944 puis entre 1945 et 1953 quand il raccrocha. Car, en réalité, il mena deux carrières, l'une flambante avant-guerre où il tutoya l'Olympe, puis, une seconde de raccroc, entre 1945 et le début des années cinquante où, en dépit de son abnégation et de son immense prestige, le trentenaire mature tranchait sur le sémillant jeune homme d'hier. Pour lui, et ceux de sa génération, le conflit avait accompli son œuvre d'entropie - ce qu'elle avait séparé ne se recollerait jamais l'enthousiasme inné d'une jeunesse pillée.

Débutant professionnel à dix-sept ans par la latitude des règlements d'alors, professionnel à part entière chez Heyliett, en 1935, à vingt ans, déjà, il avait participé au moins à 2 grands Tours, de France et d'Italie, couru Paris-Roubaix et toutes les grandes compétitions du circuit. Retour sur le Tour de France 1934 qui l'éleva au rang d'un martyr glorieux. Ce Tour, il y était venu pour le gagner : « Présomption ? Prétention ? Si on n'en avait pas un peu à vingt ans, je me demande à quel âge, cela vous viendrait. » En ambitieux volubile, l'Azuréen ne calcule pas, survolté par ce maillot bleu cerclé

À la fois sombre et lumineux, René Vietto qui n'avait pas sa langue dans sa poche. (© PresseSports)

Le sourire commercial, René Vietto fait de la réclame pour les dérailleurs Simplex. (© CP Publicité Simplex)

de blanc et de rouge qui collabore à son orgueil. Cependant, sa sélection a été arrachée de haute lutte, sa présence au sein de la formation tricolore décriée par des journalistes qui l'estiment trop tendre. Ils vont avoir à s'amender, à composer avec son caractère bouillonnant qui se traduit sur le bitume par des coups de flambe. Le poulain d'André Trialoux, chez Helyett, son directeur sportif et manager peu scrupuleux qui contribuera à sa ruine provisoire, ne se détermine pas à figurer. Vainqueur de 2 étapes dans les Alpes, d'une autre dans l'arrière-pays cannois, puis d'une 4e dans les Pyrénées, il sera sacré à Paris roi des grimpeurs. Après coup, dans *Match-l'Intran* du 25 septembre 1934, il appuie : « [la montagne] c'est une amie, il faut savoir la «prendre». Là-dessus, on vous sacre roi des grimpeurs, ça fait très chic. Il faut bien être roi de quelque chose. » À son ton ferme, on comprend déjà qu'il possède le sens de la formule qui interpelle, le goût de la belle histoire développée avec panache liée à sa légende altruiste née le 21 juillet 1934 dans la descente du Portet-d'Aspet, dans les Pyrénées lors de la 16e étape qui relie Ax-les-Thermes à Luchon : Antonin Magne, son leader, porteur du maillot jaune, naviguant derrière lui, dans la descente, Vietto est averti par un coureur allemand, que celui-ci est « kaput ». (Il le pense mort, il n'a fait que crever). Tout à trac, debout sur les freins, il rebrousse chemin à contre-courant de la course en montée sur deux kilomètres où il joint l'infortuné Auvergnat auquel il confie sa roue et qui sauvera sa tunique, vainqueur au Parc des Princes de cette édition restreinte en participants. De cet instant magnanime subsiste un cliché pathétique, l'un des plus signifiants du Golgotha vélocipédique, où l'on discrimine le benjamin des tricolores assis sur le parapet, le visage plissé, en sanglots, son vélo démembré de sa roue avant posé près de lui dans l'interminable attente d'un dépannage tardif. Sur fond de maquis et de caillasse, son désarroi surplombe. Ce jour-là, à cette heure sombre où le soleil darde, Vietto scelle l'un des fondamentaux de sa carrière, à l'entrée involontaire d'une postérité anticipée. Au-delà de la détresse flagrante, pour qui s'y attarde, il émane de cet instantané l'expression de l'engagement sacrificiel de l'intéressé, de son mépris du mercantilisme affiché lorsqu'il s'afflige : « Quel dommage que tout ne s'accomplisse à peu près que pour l'argent ! » Le cœur à gauche, il n'a jamais caché ses sympathies communistes. Cependant, à propos de cet épisode, à rebours de la rumeur établie, quarante ans plus tard, il rectifiera : « Pour voler au secours d'Antonin, je n'ai pas eu à réfléchir. En vérité, ce Tour, je l'avais perdu dès la 2e étape entre Lille et Charleville lorsque j'avais écopé de 4 crevaisons successives et que j'avais été relégué dans les profondeurs du général. » Quoi qu'il en soit, à 2 ans de l'avènement du Front populaire, personne ne se repose sur cette version différée. Vietto se trouve magnifié, récupéré par ses compagnons de route politique, les communistes. *L'Humanité* qui jusqu'alors se défiait du Tour regardé comme un appareil commercial d'exploitation humaine, lui colle le qualificatif de « notre camarade », en héros sacralisé de la Grande Boucle lavée de tout soupçon. D'un bond, le voici retenu en symbole de la classe ouvrière qui s'émancipe à la force du poignet, et du mollet. Sacré roi de la montagne, pointé en camarade exemplaire, Vietto transcende les clivages. À son insu, au début d'une ère moderniste, via la presse prégnante et la radio embarquée, il assiste à la construction de son image qu'il n'aura de cesse d'enjoliver via des déclarations fracassantes et des faits plus ou moins vérifiés telle l'ablation de d'un orteil du pied gauche consécutive au Tour 1947. À Louis Nucéra, son chantre enflammé, auteur du *Roi René* (1976), il confirmera cette variante. Vis-à-vis d'autres, il laissa le doute s'amplifier. À destination des amateurs de petite histoire, cette anecdote médicale fit florès sous le titre éloquent du « Petit orteil de Vietto » – à cette heure, l'orteil court toujours ! D'autant que souffrant par nature, et lui-même le confirme - un jour, mon docteur m'a dit : « Un Vietto qui ne souffre pas, c'est un Vietto mort » –, il eut régulièrement à pâtir du bistouri. Moins plaintif que ravi en la circonstance, il se délectera à déclarer : « À chaque ablation, je me disais que ce serait ça de moins à emmener au sommet. » Sous un angle publicitaire personnel, précédant Poulidor dans la peau d'un éternel perdant – second – il ne remporta jamais le Tour, sans cesse en position de le gagner, et notamment en 1939 (2e). Fort en the, il aimait à défier l'autorité – en 1938, il faillit ne pas prendre le départ de la Grande Boucle, refusant d'adopter le dérailleur Super Champion imposé par les organisateurs, alors qu'il était sous contrat avec la marque Simplex. Cette année, il n'aura pas à s'employer davantage, classé hors-délai dès le soir de la 1ère étape à Caen. Et comme il s'était couronné de gloire, à l'égal, il s'enracina dans les mémoires par la guigne, les coups du sort, habile à rehausser d'un trait d'arrogance sa déveine : « Vietto n'abandonne pas, il se retire ! » Orgueilleux, ce qui n'est après tout que le minimum pour un champion de cette trempe; tour à tour extravagant ou grondant, cet adepte de la chanson de geste qui joignait l'accent à la faconde, reste comme un taciturne entré dans la lumière malgré lui, un homme d'une exceptionnelle tonicité qui, se retournant sur sa vie sportive, se paya de ce commentaire : « Finalement, tout ça, je l'ai fait bénévolement. » Aux disciples de la gratuité, la promesse demeure éternelle.

ANDRÉ POUSSE
(1919-2005)
LE CALIBRE ET LE BRAQUET

Avec sa bobine de mandat d'arrêt, son sourire de lame et sa langue verte, Dédé, pour les intimes, qui avait gagné sa réputation de teigneux sur la « côte d'azur », au Vél d'Hiv, ignorait le juste milieu. Sa carrière sur les lattes des vélodromes achevée, passé au cinéma, près d'Audiard et de Boudard, il rentabilisa son image idoine en un intervalle où le spectateur raffolait à l'écran de faciès patibulaires filtrés des séries noires. L'avoir et en avoir, de la gueule, il n'en manquait pas, non plus du jarret grâce auquel il édifia sa renommée de seigneur des anneaux entre 1942 et 1949.

Son père, d'origine catalane, commissaire de police, sa mère Auvergnate, il était né en 1919 dans le Ve arrondissement de la capitale, une occurrence qui aurait censément pu le rapprocher de la très élitiste École normale supérieure de la rue d'Ulm à deux pas, alors qu'acquis à celle du pavé, où jamais rien n'est trop normal, il se bâtit le profil d'une gouape à la Simonin, de sa chapelle par la bande.

En cet avant-guerre qui vibre aux exploits d'André Leducq, de René Vietto, de Georges Speicher sur la route, de Toto Grassin, de Charles Lacquehay, d'Henri Lemoine, le roi du demi-fond, sur la piste, Pousse junior, gagné par la fièvre du braquet, signe une licence à l'UV 5 puis au Club sportif international (CSI) dont le maillot rayé de bandes noires et blanches longitudinales se repère de loin à la proue des pelotons amateurs d'élite. Ce club prestigieux, dont Henri Pélissier fut directeur sportif à partir de 1933, fournit pléthore de professionnels, Fernand Mithouard, Paul Chocque, Jean Robic, Louis Caput, etc. De longue date, on y recense des champions de France, des champions olympiques. Fondé en 1905, son siège situé rue de la Révolte à Neuilly-sur-Seine, la canaille et le gotha liés par une adresse, sur le papier déjà, il convient bien à ce senior qui fête ses vingt ans en 1939, dont on dit qu'il a du caractère, de la niaque. Si sur route, il accède à la première catégorie, son coup de pédale huilé s'adapte mieux à la piste. En « écureuil » consciencieux, expert du pignon fixe, il va se concentrer sur cet exercice lucratif tandis que le public afflue aux Six Jours, en vogue en France, à Paris, au Vél d'Hiv, dans toute l'Europe, aux États-Unis, à New York, à Chicago. Il donne sa version de la fréquentation bigarrée :

Sur piste comme à l'écran, Monsieur André endossait volontiers le rôle du flingueur. (© Collection privée - DR)

Avant d'entrer en piste, André Pousse en discussion avec Toto Gérardin, tous deux futurs amants d'Edith Piaf. (© PresseSports)

« À tout ce monde parisien, on peut ajouter le gratin de la voyoucratie locale : les macs, leurs gagneuses et les malfrats de tout poil, ce qui faisait dire à certains qu'il y avait de quoi remplir quelques voitures cellulaires et que si on avait collé à chacun six mois de cabane et cinq ans d'interdiction de séjour, personne n'aurait eu l'idée de faire appel. » Avec des intérêts financiers, moindres en France par rapport à ceux en vigueur aux États-Unis, des deux côtés de l'Atlantique les Six Jours aiguisent les appétits douteux, leur renommée clouée sous pas mal d'aspects à celle des mauvais garçons jamais loin du parquet. Jeunot encore, mais incisif – il a tâté de la boxe –, la lippe fripée si on l'y force, avec la tonicité adéquate, Monsieur André s'attaque aux « falaises » de la rue Nélaton, les virages escarpés de la piste. Mobilisé pendant « la drôle de guerre », il a été libéré en 1941. Nous sommes en 1942, année sinistre entre toutes, celle de la rafle du Vél d'Hiv. Prince du chiqué bien cousu, doué d'un sens aigu du spectacle, une licence de professionnel en poche, l'athlète-histrion du Ve suscite les vivats des vingt-mille personnes exaltées du public. Dans la « mafia » des patrons de la prime bien roulée, ses co-équipiers s'appellent Alvaro Giorgietti, Amédée Fournier, Daniel Dousset, Victor Delvoye. En « écureuil » aguerri qui ne se scie pas la branche, il a tout compris des us de la discipline, ses vices aussi – le dopage institutionnalisé comme il est induit dans ces exhibitions d'endurance et de vitesse de « saler la soupe ». Sur ce chapitre, il ne dissimula jamais son penchant pour ces cocktails dont il exposait volontiers la recette explosive: « Un pouce de pommade de cocaïne à vingt-cinq pour cent dans l'oigne, un gramme de strychnine dans un thé bien dilué, une fléchette d'amphé. Je montais sur le cintre, derrière le tube chauffait, j'me disais : « Tiens, Dédé, t'en as trop mis ! » Dans cette enceinte de la rue Nélaton, il s'acoquine avec des voyous notoires, férus de piste. Abel Danos dit le Sanguinaire, collaborateur, membre de la Carlingue, Michel Chave dit Nez Rouge, l'un et l'autre exécutés. C'est près d'eux qu'il enrichit son patois parisien, l'argot, et affine sa culture des marges. Fils d'un flic de haut vol, un pied chez les voyous du même calibre, en 1948 il embarque pour les États-Unis à bord du *De Grasse*, un paquebot-palace, pour une campagne de Six Jours – destination New York, la patrie d'Al Capone, de Bugsy Siegel et de Lucky Luciano. Cette année-là en duo avec Francis Grauss, il termine 3e à Buffalo, 7e en mars 1949 à New York au Madison Square Garden, toujours avec le même. En 2 stages, là-bas, où l'organisation réside aux mains de la Mafia, la vraie, Monsieur André s'est gentiment initié aux philtres arrangés propices à croquer du record la rétine en losange. À son second retour d'Amérique, il pulvérise celui du Tour au Vél d'Hiv, « qui ne sera plus jamais battu puisqu'il a été détruit » comme le lui faisait remarquer Jean Gabin. À New York, plus tard, il rencontrera Marcel Cerdan, et Édith Piaf, dont il deviendra l'amant après la mort inopinée du boxeur. Obliquant dès 1950 vers le spectacle, la gestion de salle, Le Moulin Rouge, La Locomotive, impresario de Joséphine Baker, d'Eddie Constantine, il débutera comme acteur au cinéma dans *D'où viens-tu Johnny* en 1963.

Rapide à délayer sa saga romanesque si on l'y poussait à peine, il se targuait au quart de tour de sa proximité avec d'éminents membres de la pègre, attachés au monde de la nuit qu'il côtoya, à Paris, mais ailleurs aussi, de par le monde, prompt à débiter des listes d'anecdotes à frémir et à glousser. Monsieur André savourait d'exciter l'imagination de son interlocuteur – ici, celle du narrateur lors d'une interview en 1997 : « C'est comme quand j'suis parti faire fortune en Haïti, mon associé se fait buter à Chicago, j'me retrouve sans un à Port-au-Prince. » ou bien : « À une époque où je donnais dans le tableau de maître, j'ai eu un Vlaminck, pas le coureur… [Puis, après un rapide coup d'œil alentour] J'ai été obligé de m'en débarrasser. » et, encore : « Si, je reste face à la porte, c'est pas que j'mouille pour mon derche mais depuis que je me suis fait serrer par la Gestap'… »

Comediante par nature, avec sa physionomie de bagnard réformée et sa voix caverneuse, déployant l'art consommé d'un conteur maniant un argot d'agrégé, adepte du franglais débité sur un accent à la Chevalier, Monsieur André se plaisait à transmettre ses souvenirs borgnes, enjolivés par sa faconde fleurie, alternant entre véracité crue et pipeau raccord. En tchatcheur exubérant, il obéissait à une volonté manifeste de préserver coûte que coûte la légende interlope d'un Paris canaille dont le Vél d'Hiv était un haut lieu, et lui son héraut. Son dossard plié à jamais, il se prolongeait par un numéro.

Et comme les bons contes font les bons amis, qu'importe la vérité pourvu que le mot soit beau.

But et Club

DANS CE N° : LE CHOC DE LILLE ET DES ARTICLES EXCLUSIFS DE J. ROBIC, R. BUSNEL ET Y. WALZACK

Jean Robic, 1er Champion du monde de cyclo-cross

(Photo A. PILON)

20 francs
16 pages - N° 224
Lundi 6 mars 1950
Afrique du Nord, fr. 22
Espagne, pesetas 2.50

JEAN ROBIC
(1921-1980)

TÊTE DE LARD ET DUR À CUIR(E)

Placé sous le double totem du sanglier et de l'hermine, des Ardennes par le hasard de sa naissance – du Morbihan de souche–, deux fois rugueux par prédestination, un autre coureur cycliste que Jean Robic véhicula-t-il, un jour, autant de vindicte, d'opiniâtreté, de détermination et d'orgueil plombé dans son exercice ? Son souvenir vivant retentit encore de pics mémorables, à l'oral et sur la route, opportuns à façonner son mythe brutal tandis que petit par la taille, il devint grand par sa bravoure. Teigneux sur la selle, le mot sec pour l'adversaire ou l'interlocuteur, ferme au comptoir, « Tête de cuir » ne se renia jamais – tonnelier-charron de formation, il levait le coude et jurait comme pas deux. S'il n'avait été le champion qu'il fût, d'emblée ces deux particularités auraient suffi à brosser un portrait pittoresque et singulier – encore que son goût des libations, qui lui coûta la vie, ne germa qu'après sa carrière sportive.

En cyclisme, des noms anciens résonnent, évocateurs de charme, Koblet, de distinction, Bobet, de grâce, Anquetil, le sien fleure l'épopée rude, la bataille défigurée, la victoire arrachée par les dents. Sorte de Chéri-Bibi, le dur au mal sous la plume de Georges Darien, Jean Robic était un bagnard du goudron qui propulsait sa carcasse d'oiseau mazouté à la vigueur du nerf, de la volonté, un Papillon sans matricule qui s'affranchit du groupe en le narguant, rapide à doubler chacun de ses exploits d'un défi futur, jurant sa revanche au cas échéant. Déjà vieux étant jeune, à son endroit, les sobriquets abondaient, la plupart railleurs relatifs à sa taille et à son teint, Le nain jaune, à sa hargne, Roquet, à son allure rétrécie, Biquet, à son casque fétiche, Tête de cuir, son casque à boudins, emboité à mi-front, censé le protéger de ses chutes innombrables. Pourtant, exercé aux embûches, il performait dans les sous-bois, les labours, premier champion du monde de cyclo-cross en 1950.

Ce diablotin nerveux, ce lutin fébrile que Pellos croquait l'œil furieux, les mâchoires crispées, modélisait le bosseur intègre et dévoué, ainsi que cet archétype brillait assez dans la France d'après-guerre. Ce pileur de pentes, preste à la chicore, ne craignait personne. En 1952, il avait giflé Kübler à l'issue d'un Liège-Bastogne-Liège, trois fois

Jean Robic, un as du cyclo-cross, l'école de l'adresse, et qui chuta pourtant beaucoup sur la route. (© But et Club, A. Pilon)

plus grand que lui. Ultra Breton dans l'âme, déniant à Bobet sa celtitude au même degré que la sienne, en cador d'un Clochemerle étendu à l'Hexagone, Robic, qui attisait par ses fanfaronnades, suscitait le délice des Français qui l'aimaient toutes provinces confondues. Combien se sont délectés de ses mots empoisonnés et de sa gloriole ? À l'égard de son hégémonie prétendue, en 1947 : « Je suis irrésistible » ; à l'encontre des Italiens, en 1949 : « Coppi et Bartali, je les materai tout seul » ; envers Bobet, en 1953 : « J'en ai un dans chaque jambe ».

Jean Robic, en fin de carrière devant la voiture-balai sur le Tour de France 1959. (© PresseSports)

D'ailleurs, celle de 1949 eut des répercussions sur le Tour de France, dans les Alpes, lorsque des supporters Italiens et Français échauffés vinrent à en découdre. Par la parlotte intempestive, ce petit Gaulois mal léché avait de quoi abolir tous les traités de paix en cours. En vérité, sa patrie de cœur, c'était la Bretagne, l'Ouest, dans l'équipe de laquelle, écarté de la sélection nationale, il remporta in extremis le Tour de France 1947 : lors de la dernière étape, il avait démarré dans la côte de Bonsecours, au nez et à la barbe de Pierre Brambilla, vainqueur virtuel jusqu'à ce point, défait, et qui ne s'en remit jamais. Au départ, à Paris, à sa femme, il avait promis : « Je n'ai pas de dot à t'offrir mais dans un mois, nous serons riches. Je te rapporterai le premier prix du Tour de France : 500 000 francs qui changeront notre vie. » Il tint parole. Encore que le parcours ne fut pas pour lui une promenade de santé. Occupé à ferrailler avec Vietto, l'azuréen, aussi cabochard que lui, il s'était adossé sa chère équipe de l'Ouest, dont, spécialement, à l'intérieur, Éloi Tassin, qui aurait pu lui être précieux dans les Pyrénées mais qui l'y laissa s'y débrouiller seul. Dans son éditorial du 20 juillet 1947, dans *L'Équipe*, Jacques Goddet s'émerveille : « Ce Tour étonnant avait déjà épuisé tout notre stock d'émotions, avec celui des superlatifs, et il enfonce dans cette dernière journée, les limites extrêmes du fantastique. » Indéniablement, la hargne roturière de notre Breton avait exalté la plume aristocratique du nouveau patron du Tour à la suite de Desgrange.

Insupportable et déconcertant, héroïque jusqu'à l'inconscience, d'une naïveté sidérante à bien des égards, Robic avait d'abord des comptes à régler avec lui-même. Tel que le rapportait en substance, Pierre Chany, l'historien-phare du cyclisme, le petit Breton était venu au cyclisme pour enrayer les moqueries des gamins de son âge envers lui. En risque-tout, à corps perdu, il s'était lancé dans cette discipline qui l'exauça au-delà de ses espérances quand bien même il paya cette empirée de multiples factures, du crâne à plusieurs reprises, du fémur, de la clavicule, de l'omoplate, du nez, de la main.

En diablotin de choc, Jean Robic assume la publicité de l'équipe Génial Lucifer dont il fut membre de 1944 à 1948.
(© CP Publicitaire Génial Lucifer 1947)

Il était né dans une auberge, dans les Ardennes, où sa mère travaillait, il mourut au retour d'une autre, en Seine-et-Marne, cinquante-neuf ans plus tard, dans un accident de la route ayant été s'encastré sous un camion – à cause d'une tromperie sentimentale qui avait dégénéré, à cause de laquelle il avait bu, trop.

En guise d'une chute adaptée, appuyons-nous sur l'autopsie qui nous est parvenue depuis l'autre côté du miroir, établissant que Jean Robic n'était pas mort d'une fracture du crâne mais d'une du cœur.

En Bretagne où tout débute et s'achève par des légendes, il se chuchote que certains soirs, le vent rapporte sa colère – intacte. La vie a perdu Robic, la mort ne l'a pas gagné !

RAPHAEL GEMINIANI

RAPHAËL GÉMINIANI

LE GRAND DÉSTABILISATEUR

Sa silhouette d'échalas discernable entre toutes ne le désignait pas à l'anonymat, pas plus que sa verve incisive, athlète du verbe autant que du muscle, un flingueur né, d'une incomparable surface publicitaire personnelle. Gem pour diminutif de Géminiani, ces trois lettres adéquates prêtaient à la déclinaison. Ainsi, Jacques Goddet qui alléguait, volontiers « Gem, j'aime » eu égard à son inaltérable volonté de batailler, de stimuler le moral des troupes en cas de devoir porter la contradiction à l'adversaire : Coppi, Gaul, ou Bobet quand il n'évoluait pas à ses côtés, tous deux réguliers de l'équipe de France dans les années cinquante sur le Tour. Il est des hommes qui préservent en eux l'ordre et la rectitude, de ces généraux raides à la pratique et dont l'histoire, même cycliste, ne retire aucune gloire, puis, il y en a d'autres, de fantaisistes, vibrionnant d'apparence mais aussi efficients au front des réalités, recélant de redoutables plans de déploiement, en fait, de ces grands capitaines dont Géminiani était. Au concours Lépine des sobriquets imputés à ses adversaires, il eut remporté la médaille, on lui doit celui de Chéri-Pipi revenant à Charly Gaul qui ne le goûtait guère. Gem l'en avait affublé lors d'une étape du Giro 1957 : le Luxembourgeois s'étant arrêté pour la pause que l'on devine, sur le conseil direct de notre grand déstabilisateur, Bobet avait porté une attaque, Gaul s'était plaint. Gem n'était pas un ange, sauf de la montagne. Sur les pentes, c'était un diable agité par une dilection de l'offensive trébuchante. Souvent, pour n'avoir gagné ni le Tour, ni le Giro ou la Vuelta, les observateurs instillèrent qu'il s'était loupé, qu'il n'ait pas engrangé à l'aune de ses chevauchées aux longs cours. À tort, foi de grand déstabilisateur, outre un palmarès enviable de places d'honneur, il possédait, non seulement, le sens de la course mais aussi l'art de se projeter, pour lui et d'autres dont il s'était mis au service ponctuel. D'un œil furtif et lucide, d'un pif notoire, qu'il a fort saillant, il savait apprécier les forces en présence, jauger l'instant et l'endroit où il faudrait estoquer même pour insensé, parfois, que cela puisse paraître. Tel, sur le Tour 1955, où favorisant Bobet, il lui permit non seulement de s'attribuer l'étape en Avignon, mais de récupérer son maillot jaune ; Bobet qui, le soir même, à la manière de son rival complice, s'exclama à son endroit : « Quel grand fusil ! » Le qualificatif allait faire florès, seyant au natif de Clermont-Ferrand, d'un caractère à la poudre, toujours prêt à dégainer et jamais à blanc, qui fit les délices de la chronique avec ou sans dossard lorsqu'il troquera sa mise de coursier pour celle d'un *tycoon* en polo au volant d'une voiture de directeur sportif en 1962 :

Lorsque Raphaël Géminiani passait à l'attaque, ses adversaires trinquaient… (© CP Publicitaire Kall- Saint-Raphaël)

Saint-Raphaël-R.Géminiani. Tout génie de l'égo consommé, son nom allié à celui d'une célèbre marque d'apéritif, il s'était en quelque sorte canonisé, en saint autoproclamé de l'intrépidité. Autant, en griot spécialisé dans les contes de l'asphalte dispensés au comptoir, il n'aurait pas, là non plus, beaucoup de concurrents pour le doubler. D'ailleurs, on ne le contredisait pas, on l'écoutait, pour le meilleur et pour le rire, à la fois mémoire vive et chatouilleur par les mots. Avec au compteur, 12 Tours disputés entre 1947 et 1959, (2e du Tour 1951, 3e en 1958, 7 victoires d'étape, 4 jours en jaune, meilleur grimpeur en 1951, mais aussi du Giro 1952 et 1955, (4e au final), devant Bartali ou Coppi, il avait de quoi rayonner et témoigner d'authenticité. Ce Tour 1951, qu'il faillit remporter, lui a laissé toujours un goût amer, où des piques volèrent entre lui et Bobet qui lui reprochait de ne courir que pour terminer premier Français, ce qui par contrainte advint : 2e du général final derrière l'intouchable Hugo Koblet. En délicatesse passagère avec le Breton comme cela se reproduira – pour sa fragilité de mise, prime à la testostérone, les mauvais jours, il le surnommait Bobète –, cette année, il se lie d'amitié avec Coppi sans qu'elle ne se démentît jusqu'à la fin hâtée du *campionissimo* en 1960. Mi-forban, mi-Don Quichotte sous le trait acéré de Pellos, Gem bénéficie d'une aura de preux, de roi de la castagne, un totem qui l'exonère d'avoir à se justifier. D'une nature incompressible, il était capable de réduire l'adversaire à la régulière ou à l'intox. En 1958, au départ du Tour, la tension vibre entre lui et Anquetil et Bobet. Anquetil a posé ses exigences à Marcel Bidot, il consent à endosser le maillot tricolore mais pas avec Bobet et Géminiani, de crainte que les deux aînés se liguent contre lui, ce sera ou bien l'un, ou bien l'autre. Marcel Bidot a tranché. Ce sera Bobet. Le Clermontois relégué dans l'équipe Centre-Midi fulmine. En cette année instable où le général de Gaulle est appelé à la tête de l'État pour apaiser le climat politique, un orage couve entre les tricolores et

Géminiani, autant sur la route que par la parole, ne ménagea jamais, Charly Gaul, L'Ange de la Montagne. (© *Miroir des Sports*)

les régionaux au maillot bleu ciel ceint de deux bandes jaunes. Celui-ci finit par éclater, tandis que Bobet sombre et qu'Anquetil vacille, contraint de renoncer au départ de la 23e étape. Lors de la 18e, entre Briançon et Aix-les-Bains, le mercredi 16 juillet, Géminiani, en jaune, n'est pas à la fête, même carrément à la dérive. À l'arrivée, il a concédé plus de 15 minutes à Charly Gaul, l'ange de la montagne. « Tous des Judas ! » s'est-il récrié la ligne franchie. Du fond de l'enfer où il est tombé, c'est aux tricolores qu'il dédie son venin, à Bobet, en particulier, puis à tous qui l'ont laissé s'enliser. La formule aux réminiscences bibliques restera dans les annales. Une semonce comme un aveu de faiblesse. Dorénavant, à trente-trois ans, il ne pouvait plus prétendre remporter le Tour. Il y reviendra pourtant en 1959, sous le maillot tricolore, dans une équipe encombrée de leaders potentiels : lui, donc, Bobet, l'ancien, qui le regarde de loin, Rivière, Anquetil, les deux étoiles montantes. Anquetil et Bobet ne s'estimant qu'au minimum syndical. Bref, Marcel Bidot n'avait pas tenu rigueur au Clermontois de l'avoir traité d'âne au départ de l'édition de 1958 – celle de 1959 semée d'embûches, il n'aura pas l'occasion de se livrer à des déclarations enflammées, il la termine 29e au Parc des Princes.

Géminiani, déhanché, dans son style caractéristique, ici lors de l'ascension du Ventoux. (© Collection privée)

Un pied dans le déclin, il raccroche en 1960, remis d'une malaria contractée en Haute-Volta fatale à son ami Fausto Coppi. Pour une deuxie carrière de mentor, encore choqué de la disparition du *campionissimo*, il est prêt.

Où il va démontrer l'étendue de son savoir et de sa rouerie, où quand à bout d'arguments sportifs, il s'adonnera à l'intox, assuré que les mots savamment orientés produisent toujours leurs effets dévastateurs chez l'adversaire, bonifiant chez son protégé. Ainsi, en 1964, à destination d'Anquetil, à la dérive dans le port d'Envalira en 1964, qui s'accroche à l'arrière : « Si tu veux mourir sur le vélo, alors, meurs devant mais pas derrière. » Ou bien encore sur le mode cocasse, à propos du Puy-de-Dôme, au programme, cette année-là, que le Normand redoutait : « Ne t'en fais pas, il n'a pas mauvais cratère. » Même approximatif, un mot de Géminiani opérait à la façon d'un onguent sur la plaie ou bien d'une pincée de soude dans celle de l'opposant. Des années après, il s'émerveillait encore sur le génie d'Anquetil qu'il avait mené à trois reprises à la victoire sur le Tour : « Quand je pense qu'il en a remporté 5 sans passer en tête au sommet d'un seul col, je n'en reviens pas ! » Il n'aura pas été pour rien dans l'enchaînement de ses exploits, adroit à le soumettre à des défis inouïs : accomplir le doublé vainqueur Dauphiné-Bordeaux-Paris, en 1965, à moins de 48 heures de distance. Jamais très en phase avec les hautes autorités, retors et rusé, il jubilait à contourner le règlement. Sur une épreuve où le changement de vélo était interdit, le mécanicien dans la combine monté à la hauteur d'Anquetil faisait mine depuis des hectomètres de régler le dérailleur avec sa pince. Profitant d'un moment d'inattention du commissaire, le mécanicien avisé coupa le câble, à bon escient, à la bascule du sommet. Le changement de vélo interdit s'imposait, si bien qu'Anquetil permuta, s'élançant sur l'un léger, mieux adapté à la descente. Ni vu, ni connu, par ses ascendances italiennes, le Grand Fusil excellait dans la *combinazione*. Durant le Tour 1966, il sut trouver le renfort d'équipes auxiliaires vouées à la sauvegarde de la casaque jaune de Lucien Aimar. Baratineur, doué d'un sens de la formule caressante en cas de nécessité, il sut, le premier, attirer des sponsors d'envergure dans le cyclisme. Après le bon coup de Saint-Raphaël aux retombées personnelles, il réitéra en 1965, s'attachant la firme automobile américaine Ford au summum de la modernité d'alors. Puis, en 1967, il s'en fut convaincre le baron Bic, à la pointe comme il se devait. Sa capture la plus saugrenue fut l'ancienne danseuse de cabaret parisien, Myriam De Kova, qu'il convainquit d'assumer sur sa cassette une équipe associée aux cycles Lejeune, en 1973 ; une équipe précaire, aux maillots roses, visibles de loin, où les impayés fleurirent et qui, pour ce motif, dut mettre la clef sous la porte dès la fin août. Cette fois, l'espièglerie de l'oncle Gem n'avait pas amusé tout le monde. En 1977, il récupéra Merckx à son déclin dans l'équipe Fiat puis, conforme à son goût inné du challenge, il mit un point d'orgue à sa carrière en dirigeant l'équipe Café de Colombie, en 1986.

Le cyclisme changeait. Sans qu'il eut réellement perdu le fil, avec des raisonnements tranchants si le débat venait à poindre, cependant, il n'était plus à l'heure des innovations en cours, en froid avec les mœurs modernistes des années 80. Sans que cela puisse lui être reproché, le Grand Fusil était un homme d'hier, de l'époque héroïque, un combiné de débrouillardise et de rentre-dedans, désormais obsolète sur le terrain et aux tables de négociation, déstabilisé face à un panorama mondialisé. Admirateur de Contador, contre toute logique sportive, il vint à prendre la défense d'Armstrong, hérissé que l'on puisse le coincer après coup, une subjectivité assez inconséquente qui s'absolvait d'un contexte global de la lutte contre le dopage. Mais qui peut à l'échelle d'une vie postuler sur la durée sans se fourvoyer à une heure mal réglée ?

Impénitent *pédalin*, pas très adepte du lâcher prise, pour n'être pas un saint, Raphaël Géminiani se sera échiné à paraphraser le très catholique Gilbert Cesbron qui écrivait : « En chacun de nous, c'est Dieu qui pédale et le diable qui fait de la roue libre ».

Et notre héros qui, par un *like*, l'approuve : « Gem ! »

À son zénith, le riant Raphael Géminiani, maillot jaune du Tour 58, intégré à l'équipe Centre-Midi. (© *Le Miroir du Tour*, 1958)

ROGER HASSENFORDER

PAS UN RIGOLO

D'une intrépidité harassante, cet irréductible ne laissa pas de répit à ses supporters et à ses adversaires de le plébisciter ou de le refreiner quand par l'une de ses tocades, ils ravissaient les premiers, quand à l'amorce d'une bordure contre vent et consensus, il déstabilisait les seconds. Tout au prestige et à l'instinct, noué du désir de procéder autrement, tampon manifeste de son extravagance innée, pas une fois qu'en cas d'ouverture il ne prit sa chance quelles qu'en fussent les retombées. Dicté par une fougue échevelée, sa marque de fabrique, fort en gueule et du mollet, Hassenforder ne se satisfait jamais de l'anonymat, loin du précepte de Pierre de Coubertin qui voyait, déjà, dans la participation, l'essentiel accompli.

Tour de France 1953 : 5e étape – Dieppe-Caen, 2e derrière Malléjac, il troque son maillot de la formation du Nord-Est pour le jaune. Néophyte sur la Grande Boucle, sous l'empire de son allégresse immense, il dort avec cette casaque conquise de haute lutte, par calcul. Fraîchement débarqué chez les pros, il avait intégré les données des grandes courses à étapes. Dès le lendemain, il n'était plus Hassenforder, Roger de son prénom, mais Hassen le Magnifique. Son nom peint sur les routes, il entrait dans la cour des impénitents flingueurs, en assassin de la tranquillité, « l'As Hassen » ainsi qu'Antoine Blondin le magnifia vite. Au soir de cette victoire, dans *Le Parisien*, Félix Lévitan s'enthousiasmait : « Il a un corps d'athlète, une tête toute ronde auréolée de cheveux fous, des yeux étonnants, vifs, amusés, un sourire spontané et un vocabulaire à faire frémir. Il n'empêche qu'il est jovial, souvent bon enfant, et que l'humeur la plus joyeuse règne grâce à lui au sein de l'équipe du Nord-Est-Centre. De sa province natale, il a gardé un fort accent. C'est la classe à l'état pur. Il est d'une vigueur époustouflante. » Le lendemain, le 8 juillet 1953, dans *L'Équipe*, Jacques Goddet, le directeur du Tour, s'exaltait à l'identique : « Nous cédons volontiers à l'enthousiasme qui se dégage du spectacle de ce jeune athlète déchaîné comme une tempête d'équinoxe, fonçant éperdument à la conquête de l'emble lissé de feuilles d'or. » 4 jours en jaune sur ce Tour, alors qu'il n'est âgé que de 22 ans, auront suffi à le transformer en une vedette du peloton et au-delà. Pourtant, ce Tour, il n'était pas garanti qu'il l'accomplit lors que son mentor, chez Mercier, Antonin Magne tentait de le dissuader de s'y aligner, trop jeune, trop vert. À sa façon d'user de persuasion pour l'amener à changer d'avis, il l'avait alors menacé armé d'un gonfleur. Pas diplomate à proprement parler, à la soufflante il avait opposé le coup de pompe –

Roger Hassenforder qui ne fut jamais avare de cavalier seul. (© PresseSports)

Hassenforder sous le maillot Rapha-Geminiani en 1959.
(© DR)

qui ne vint pas. Jamais avare d'excentricités, il récidiva à chaque occasion ponctuelle, soucieux d'attiser la ferveur d'un public friand de son insubordination et de ses prestations folkloriques. Ainsi, lors de l'arrivée d'un Tour, pendant la parade d'honneur sur la piste du Parc des Princes, sa préférée, devant 25 000 spectateurs, il s'arrange pour prendre son bouquet dans les rayons de sa roue avant afin d'effectuer une roulade spectaculaire. Aux côtés de Fernand Raynaud, le comique favori des Français, il se commet dans un numéro de clown. En Grock d'un soir, Hassen assume sa part de « déconne », le public est content, lui, aussi ; les fifties aiment à s'enchanter. Sur le Tour, encore, pour honorer un pari, en lisière de la Méditerranée, il s'y baigne, récoltant la une de *Paris-Match*. En 1957, après sa 2e victoire à domicile sur le Tour, Colmar, entre le massage et la poire, il s'en est allé chasser le sanglier, un dérivatif à tout le moins singulier dans le contexte qui étanchait sa passion immodérée pour la chasse, la braconne, sorte de Raboliot du Haut-Königsbourg. Depuis l'enfance, en adepte chevronné de l'école buissonnière, il s'adonnait à toutes sortes d'attrapes qui faillirent lui coûter cher ; spécialement sous l'Occupation lorsqu'il dissimula des armes sous la dalle d'une tombe, lorsqu'il peignit en tricolore avec des gamins de son âge une vache dans un pré en signe de résistance et de patriotisme – l'un d'eux déporté à Auschwitz n'en revint pas. En diplômé de l'incartade, il ne se destinait déjà pas à l'université. Dans le rétroviseur, embrassant son passé, il avouera : « Quand je suis sorti de l'école en 1947-1948, je ne savais pas écrire, je ne recevais que des punitions et des claques. » Lorsqu'il sera licencié sur route à l'UC mulhousienne puis au BC Reims, chez les amateurs d'élite, ce sera à son tour de les distribuer. La compétition, il y était arrivé en 1947, par l'un de ces défis ordinaires lancé à la cantonade aux coureurs rangés sur la ligne de départ d'un critérium local à Mulhouse. Non licencié, il avait pulvérisé le record du circuit. En 1950, à Reims, surgi du lot de 250 concurrents, il remporta le Trophée Simplex qui lui ouvrit les portes du professionnalisme. Entre gloriole et gâchis, car il perdit beaucoup à se disperser, il dura pendant 11 ans à ce niveau. D'une santé de fer, nanti de sa cylindrée hors norme propice à broyer du braquet des heures sans réclamer un relais, il peaufina son image de téméraire que les kilomètres n'épuisaient

pas puisqu'à l'arrivée, il causait, encore, et toujours. En ce sens, son palmarès survolé parle pour lui : triple vainqueur du Critérium national, champion de France de poursuite, vainqueur des Boucles de la Seine, d'une étape de la Vuelta, de 8 étapes sur le Tour dont 4 glanées sur celui de 1956 qu'il disputa sous le maillot de l'équipe de l'Ouest – un pur paradoxe pour cet Alsacien, natif de Sausheim, jamais dépaysé où qu'il atterrit.
Des équipes, il en connut pléthore durant sa carrière semée de pics et de creux, assez intempérant pour changer d'air à dates récurrentes, 6 en dix ans.
En 1957, chez Essor-Leroux, cerné de caractères poivrés de sa trempe, Serge Blusson, Jean Robic, Louis Caput, s'étant heurté à Jacques Anquetil, il écopa d'une suspension de six mois. Tout le temps, sa parole l'emportait trop loin, lorsqu'il se vantait pour le plaisir de la formule – citant Robic « d'avoir un Bobet dans chaque jambe » : en tout cas, et c'était démontré, il n'en possédait pas son hygiénisme – celui qui se mesurait, celui qui ne se mesurait pas. Ce Bobet, l'impeccable, fondu dans sa bienséance, lissé d'élégance, qu'il tenait dans sa mire, par intervalle, il lui rendit hommage, notamment lors d'une interview télévisée au soir de sa carrière en 1963 : « À part Bobet, je n'ai jamais vu courir un coureur à l'eau minérale. Pour aller à 45 kilomètres/heure, c'est impossible. Il faut prendre un petit truc, un petit café fort, sinon on roule à 35. »
Autre temps, autres mœurs, Hassenforder appartenait à une génération insoucieuse des conséquences nocives de prises de produits. Partant, de bonne foi, il ne cherchait pas à masquer comme si derrière cet aveu nichait un héroïsme inhérent à une race de colosses du bitume dont il était. Partout dans la société, et dans le cyclisme, en particulier, l'heure n'était pas à calculer. D'ailleurs, Hassenforder, qui roulait grand train, s'en passait à l'aise, dépensier à l'impossible, bringueur et Dom Juan, officieusement déclaré « Champion du monde des boîtes de nuit, onze fois fiancé ». Lorsqu'il achève sa carrière en 1963, il est totalement dépourvu, sa dot dilapidée par excès de standing. Par une chance complice, il put rassembler les deniers nécessaires pour acquérir une auberge florissante à son nom à Kaysersberg, non loin de Colmar.

Ce fou pédalant, ainsi dénommé par Pierre Chany, et franchement déjanté, trouva finalement gloire et fortune par l'alliance d'une langue bien pendue et de jambes qui descendaient bien. Pour ses frasques, ses intempérances, ses entourloupes et ses débords, Hassen le Magnifique se retrouverait aujourd'hui pointé en histrion, en clown comme on ne les aime plus dans un cyclisme policé.

L'histoire est ainsi faite qu'elle passe, et nous avec elle – Hassenforder, aussi.

ROGER WALKOWIAK
(1927-2017)
UNE CIBLE ÉMOUVANTE

À l'addition de la modestie et de l'ambition étranglée, la carrière à éclipses de Roger Walkowiak aura eu à pâtir d'une injuste mésestime. Ou qu'il ait été trop modeste pour atteindre l'ambition, ou qu'en étant dénué, il se soit cantonné à la discrétion par obligation. Dans les deux cas, il n'aura pas forcé son destin – ou bien qu'alors, l'ayant forcé, il ne s'en soit pas remis. De cette ambivalence inséparable de sa personnalité naquit un halo de doutes et de questions sur l'homme qu'il était vraiment, modéré à coup sûr, limité par un caractère docile, trop, dans un milieu où « l'âpreté est élevée au rang d'une vertu », citant Pierre Chany témoin de son épopée fortuite sur le Tour 1956 qu'il remporta. Du rang de semi-anonyme, en 3 semaines et 4498 km ingérés, il était passé à celui d'un protagoniste guetté, intronisé de fait parmi le gotha qui ne le reconnut jamais comme étant de sa botte sélecte. Walkowiak s'en émut-il ? Non, cette victoire surdimensionnée l'empêchait de s'inventer un avenir à la hauteur, d'assumer une promesse qu'il ne s'était pas promis, de saisir les rênes d'une existence amplifiée. Les observateurs ne l'auront pas aidé non plus, rapides à comparer sur les tablettes sa performance à celles des années écoulées, à délimiter à la baisse le champ de ses contradicteurs, à le dévisser de son socle fragile. Pourtant, il n'était pas le premier venu, ni le dernier de sa classe, entre 1953 et 1955, il avait conquis de haute lutte des places signifiantes au meilleur niveau, 8e de Milan-Remo, 2e du Dauphiné. Sur le Tour, en 3 participations, retenu pour les utilités, il n'avait rien prouvé. En 1951, dans l'équipe Ouest-Sud-Est, 57e, en 1953 dans celle du Nord-Ouest, 47e. En 1955, au sein de cette même équipe, il avait abandonné à la 11e étape. Il était alors classé chez les équipiers modèles à la dévotion du leader qu'on lui impose, de ces régionaux durs au mal dont regorgeait le cyclisme français des années cinquante. À force d'assiduité chez les amateurs, et entre-deux, chez les indépendants, il s'était ouvert les portes du professionnalisme. D'abord licencié à l'EDS Montluçon puis chez Riva-Sport en 1950, il avait intégré l'équipe Gitane-Hutchinson en 1951 dirigée par Raymond Louviot. Pour en arriver là, il avait bossé dur, déjà habitué au chagrin quotidien, il était tourneur en usine. D'ascendance polonaise, il suivait les brisées de son père naturalisé Français en 1929. Sa première victoire professionnelle, il l'obtint en 1952 au terme de la 6e étape du Tour de l'Ouest, 2e au général. De loin en loin, jusqu'en 1955,

Bouche ouverte, l'œil égaré, Roger Walkowiak, semble interroger l'objectif.
(© PresseSports)

soit un an avant son apothéose, il s'était signalé à l'attention du sélectionneur ou du champion ailé – Jean Bidot, en 1951 : « J'ai découvert en ce garçon la véritable révélation des Six Provinces ». C'est le plus beau pédaleur, le routier le plus racé de la course. Ses démarrages au sommet des cols démontrent sa classe et son cran. » ; Louison Bobet, en 1955 : « Il me semble que Walkowiak qui fut fort comme un Turc sur les routes du Dauphiné ait bien mérité d'entrer en équipe de France. » Il lui faudra encore patienter deux ans pour que cette chance lui soit offerte. En 1956, pour la 3e fois, il s'aligne au départ du Tour dans l'équipe du Nord-Est-Centre bien dépourvue sur le papier. D'où la surprise énorme va jaillir ! Dans un interrègne, Coppi, hors cadre, Kubler et Koblet sur le déclin, Bobet forfait, la porte est ouverte aux outsiders quand bien même il faille estimer la présence de Géminiani, de Gaul, de Brankart, 2e en 1955 ou de Federico Bahamontes– il y eut de moindres plateaux.

Pour Walkowiak, la roue ne tourna pas forcément dans le bon sens. (© PresseSports)

Lors de la 7e étape vers Angers, « Walko » s'est mêlé à une échappée anodine *a priori* qui va largement contribuer à l'amener au paradis 15 jours plus tard – ou en enfer, au choix. Arrivée avec 18 minutes d'avance sur le gros du peloton, dans la cité angevine, elle lui permet d'endosser le maillot jaune. Il le gardera 2 jours, rechignant à s'en défaire quand Sauveur Ducazeaux l'en priera afin de mieux se le réapproprier le moment venu. Son équipe fragile n'a pas les moyens de le défendre. Turin-Grenoble, 11 étapes plus tard, sur ce parcours montagneux, nanti de probantes qualités de grimpeur, il a su maintenir le contact, pas loin de Charly Gaul, vainqueur dans la vallée. La ligne franchie, Walkowiak récupère le maillot de jaune dont il avait eu tant de mal à se départir. Dorénavant, il lui faudrait tenir encore 4 étapes jusqu'à Paris. Placé face à ses responsabilités qu'il avait eues bien du mal à concevoir, il pouvait alors méditer cette allégation de Sauveur Ducazeaux, délivrée en catimini à quelques-uns de son entourage avant le grand départ : « Je crois que Roger a une belle chance de gagner le Tour. Mais il ne lui faut pas lui dire parce qu'il s'affolerait. Il faut lui faire comprendre qu'il est le plus fort. Quand il aura pris conscience de ses possibilités, l'essentiel sera fait. » Pendant la 20e étape disputée contre la montre entre Saint-Étienne et Lyon, il s'échine, résiste, transcendé dans son rôle de leader fortuit. Car, déjà, des voix perfides s'élèvent. En passe de rafler cette 43e édition, il n'a remporté aucune étape, et n'en remportera aucune, une carence qui ne plait pas à tous lors qu'une certaine tradition exige que le vainqueur final se soit distingué sur l'une. Walkowiak, le modeste, le prudent sorti de sa condition, entame déjà sa lente malédiction nourrie pour l'avenir de discrédit et de quolibets à peine feutrés. Même malmené lors de la dernière étape, entre Montluçon – sa ville natale qui le fête à l'avance –, et Paris, il préserve son bien au nez et à la barbe de Gilbert Bauvin, membre de l'équipe de France, et du Belge Jan Adriaenssens, Federico Bahamontes termine 4e.

À vingt-neuf ans, il succédait à Bobet, sentant déjà, dans l'opinion, que ce Tour excédait sa carrure. Cette victoire, il ne l'avait pas volée, et pourtant, la presse émettait des réserves, remâchait les ratés pointés en carences de la part de son triomphateur surprise. Pour une analyse globale, Albert Baker d'Isy, l'une des grandes plumes d'alors, notait dans *France-Soir* : « Ce Tour a manqué de « sommets » d'intérêt. Certes, Walkowiak ne fit pas que défendre et attaquer, au contraire, dans la montagne, alors qu'on s'attendait à le voir céder sous les coups de ses adversaires. Mais sans vouloir

Roger Walkowiak, en couverture de *Miroir Sprint*, suite à sa victoire surprise sur le Tour de France 1956. (© *Miroir Sprint*)

En 1955, Walkowiak avait suscité l'admiration de Louison Bobet. (© PresseSports)

diminuer les mérites de ce garçon sympathique, méritant et régulier qu'un vainqueur du Tour qui n'a pas enlevé une seule étape manque un peu de panache. » Allait naître alors l'expression « Un Tour à la Walko » synonyme de rabais adapté à un outsider sachant profiter. Dans le temps des voix s'élevèrent à sa rescousse, celle de Jacques Godet, en proue, le patron de l'épreuve, lui dédiant l'un de ses ouvrages, non sans une certaine exagération qui réhabilitait cette édition de 1956 : « À Walkowiak, le vainqueur du Tour que j'ai le plus aimé. » ; celle, raisonnée, de Pierre Chany : « Il nous resterait le souvenir d'une course riche en rebondissements pour les Gaul, Bahamontes, Nencini, De Bruyne, Bauvin, Ockers, Forestier et Poblet qui durent se contenter de satisfactions secondaires. Leur seule présence accréditait la qualité de ce que l'ignorance s'obstine à minimiser. » Antoine Blondin, aussi avait donné de la sienne, objective, imagée : « Sa victoire régularise une situation de fait. «Walko» était le plus courageux, le plus constant, le mieux portant. » Ce à quoi, il ajoutait : « C'est un garçon rondouillard, avec de braves joues et une amorce de petite bedaine. Un poujadiste égaré dans le Bottin mondain. » Michel Clare, d'usage spécialiste de l'athlétisme à *L'Équipe*, était sorti de sa réserve : « Il possède la force et l'obstination du bûcheron. C'est le Zatopek du vélo. »

En trois ans, jusqu'en 1960, la carrière de Walkowiak s'éteignit après qu'en 1957, il eut l'honneur de porter le maillot de l'équipe de France sur le Tour qu'il abandonna à la 18e étape, et qu'il eut glané une étape sur la Vuelta. Pâle récompense, maigre butin, à trente-trois ans, Walkowiak quitta le cyclisme comme il y était arrivé, sur la pointe des socquettes.

La suite de sa vie ne fut pas plus réjouissante. Même auréolé de sa victoire sur le Tour, il ne put pas se payer une maison, ayant empoché simplement de quoi ouvrir un bar, où derrière le comptoir, il n'en put plus bientôt de s'entendre ressasser ce Tour 1956 « à la Walko » dont il était l'auteur chambré. Alors, plein d'amertume et de fatalité, il retourna à l'usine dont il était sorti quinze ans plus tôt.

Walkowiak n'aurait sûrement pas accrédité cette considération de Philipe Bouvard : « La modestie est l'art de faire dire par d'autres tout le bien qu'on pense de soi. » – En cible émouvante, ses détracteurs l'avaient atteint. À jamais blessé, au cœur !

G.S.
Solo
SUPERIA

RIK VAN LOOY

LE PRIX DE LA GLOIRE

Avec son profil de médaille, son front haut, son nez aquilin, sa coupe sommaire à frange rectiligne, son sourire à retardement – qui débutait par un foncement de sourcils –, dans l'histoire, il personnifiait un vieux romain, un sénateur despotique, au dessus, un empereur – celui d'Herentals, son surnom. Au réel, natif de la province d'Anvers, sur les brisées de Van Steenbergen, son prédécesseur impérial, Rik I, il s'était instauré en Rik II, fleuron d'une dynastie de rouleur-sprinters flamands sur route et sur piste. Spécialiste de Classiques, il grimpait avec grâce aussi sur piste, abonné des Six Jours, un type d'épreuves spécialement en vogue entre l'après-guerre et la fin des années 1970 partout en Europe. Authentique flandrien, il fut l'idole d'un pays où le cyclisme élève, où le petit livreur de journaux à ses débuts dans la vie active se retrouvait gratifié lorsqu'il raccrocha, en 1970, du statut envié de grand bourgeois nanti. Deux décennies de professionnalisme presque au compteur, en estime de génération en cyclisme, il avait marqué l'une contemporaine de Van Steenbergen où il s'était glissé, l'autre contemporaine de celle de Merckx néophyte où il résistait encore. Depuis la fin de la Seconde Guerre mondiale, la Belgique pouvait s'estimer vernie qui étendait sa domination de saison en saison, confisquant la plupart des Classiques, et à peu près au diapason, une bonne part des Six Jours.

En 1953, sous le maillot de l'équipe française Gitane, pour sa première participation à une course professionnelle, Paris-Tours, il avait terminé à la 7e place. Rétrospectivement, il s'annonçait de loin. Trois ans plus tard, en 1956, établi en haut de la pyramide, il est entré en rivalité avec son aîné, Van Steenbergen. Pour une guerre des Rik, la Belgique va se passionner, spécialement lors des Championnats du monde de 1956 disputés à Copenhague. En bons Flamands, jaloux de leurs rangs, les deux autant impérieux et dominateurs refusent de négocier. *L'Équipe* du 24 août titrait : « Les grands acteurs commencent à s'agiter dans la coulisse, Coppi craint que Van Steenbergen ne lui fasse rater sa rentrée et Van Looy le jeune premier donne des sueurs froides à Van Est. » À concentrer les craintes chacun de leurs côtés, les deux imperators s'évitaient pour un duel à peu près prévisible entre eux. L'équipe de Belgique plus disposée à l'égard de Rik I, celui-ci coiffa Rik II sur la ligne, déconfit par cette correction administrée sous les couleurs nationales. Au fil des ans, entre les deux, à cet essentiel rendez-vous annuel, la tension ne fera que croître. Trois ans plus tard, en 1959, à Zandvoort, en Hollande,

Rik Van Looy, ici sur Paris-Roubaix, tombe le casque quelques secondes, histoire d'être mieux à l'aise. (© PresseSports)

les deux rivaux bornés possèdent une chance à peu près identique de l'emporter. Sur fond de conflit de génération et d'intérêts, le dilemme s'accentue. Pendant la course, en vertu d'une sorte de pacte négatif, fondé sur un « ni l'un ni l'autre », ils temporisent à qui mieux-mieux. À cette ruse veloutée, Rik II s'avère supérieur, c'est-à-dire inférieur, pointé par la presse et la Ligue Vélocipédique belge en responsable principal de la défaite. Le Français Darrigade tirant les marrons du feu de cette situation piégée s'était ceint de l'arc-en-ciel. Quelques jours plus tard, la sanction de la LVB tomba : Rik Van Looy était suspendu, accusé de n'avoir pas défendu correctement sa chance, et celle de la Belgique. Rik I pas plus coopératif, pouvait savourer sous cape. Plus symbolique qu'effective cette sanction fut gommée, 10 jours plus tard, Rik II était autorisé à reprendre la compétition. En 1960, la Fédération échaudée monte sa sélection autour de lui. Pour s'arranger le concours sans failles de coéquipiers d'un jour, il a porté la main au porte-monnaie – ce qui a dû lui coûter. Tous seront à son service. Sur le circuit de Karl Marxstadt, en Allemagne, il décroche le titre mondial. Champion du monde à 3 reprises, en 1949, 1956 et 1957, Rik I voyait son cadet inaugurer son palmarès irisé. Il doublerait la mise en 1961. À ce stade, l'aîné obsédait le cadet. Conséquemment, en Belgique, une anecdote circulait : « Une nuit, Van Looy entend du bruit chez lui et descend voir ce qu'il se passe : c'est un cambriolage ! Il parvient à voir le voleur s'échapper à vélo, empoigne sa bécane et entame la poursuite. Une heure plus tard, il revient avec la langue qui pend jusque par terre. Sa femme lui demande s'il a rattrapé le voleur mais Van Looy secoue la tête négativement « Alors, ça ne peut être que Van Steenbergen », dit-elle... »

Rik Van Looy, vedette cathodique de toute la Belgique pédalante en 1963. (© Humo TV, Octobre 1963)

Autant que Van Steenbergen, Van Looy aimait l'argent. Du jour au lendemain, résultat de son titre, ses tarifs s'envolèrent de 30 à 40 %

Champion du monde en 1960 et 1961, Van Looy, en arc-en-ciel, était alors le patron incontesté de l'équipe Faema. (© Poster *Miroir du Cyclisme*)

sur le marché. Cet or, qu'il prisait, agirait quelque peu en gage de sa longévité comme il serait garant de celle de Van Steenbergen, adulé du public, et donc rétribué en conséquence, qui prolongea sa carrière sur piste jusqu'en 1966. Prompt à comptabiliser ses gains mais aussi conscient du rapport de forces, Van Looy tardait à s'engager sur le Tour de France dont le lot était relevé, où les Anquetil, Nencini, Gaul et Bahamontes l'effrayaient dans l'optique très hypothétique de décrocher le général. En 1960, à la télévision, il répond à Roger Couderc qui l'interroge sur cette perspective : « Je courrai le Tour de France le jour où je serai certain d'avoir à mon entière disposition une équipe (*Sic*). » Comptant le directeur sportif en patron, avec lui, en conclusion, il spécifiait : « 9 équipiers, 2 patrons. » S'il venait sur le Tour, avec l'orgueil dû à son rang, il ne cachait pas que c'était pour y obtenir des résultats – dans toute l'ampleur du terme, la gratuité n'était pas son fait.
En 1962, enfin, il consent à se mesurer sur la Grande Boucle. Dès le début de la saison, à la vue du tracé, il a pesté : « Ce Tour est fabriqué pour Anquetil. » Entouré de sa garde Faema-Flandria, dans une forme fracassante depuis le début de la saison, il s'est armé pour briller. Vainqueur du contre la montre par équipes, sous les ordres de Guillaume Driessens, il est contraint à l'abandon lors de la 2e étape. Pour une revanche sur le sort, il revient en 1963. Et là, c'est un autre scénario, réglé par ses soins lors des arrivées au sprint, qui va se jouer. À l'addition de 4 étapes gagnées, il s'attribue le maillot vert, le seul de ses 7 expériences sur l'épreuve qui ne lui sourit jamais tout à fait. (9 étapes remportées entre 1963 et 1969). En cette année 1963, où il avait raté le coche sur les Classiques, excepté sur le Het Volk, il se vantait que ses tarifs n'aient pas chuté sur piste, pour les Six Jours – 25 000 francs belges. Toujours intéressé à sa pelote, il ne perdait pas le cap. Mais fi de la chose matérielle, revenons à l'art, celui du sprint, dont il était le maître, qui lui valut de remporter sur

l'ensemble de sa carrière, entre 1958 et 1968, l'ensemble des grandes courses d'un jour. Lorsqu'il n'était pas détaché seul, ou bien lorsqu'il agissait sur les Tours, il avait rôdé le principe d'une garde attachée à sa protection, composée de risque-tout avisés du kilomètre bien lancé, reconnu en cela comme l'inventeur des trains actuels des sprinters. De 1964 à 1966, chez Solo-Superia, on l'appelait sa Garde rouge au sein de laquelle évoluait, notamment, Edgard Sorgeloos ou Edward Sels. Ironie du sort, qui n'en était pas une, en 1966, les tensions entre eux annulées, Van Steenbergen l'avait rejoint sous le maillot pourpre de la Solo qu'il avait initiée (Solo-Van Steenbergen, 1961).

Par sa domination systématique, l'empereur d'Herentals, tel qu'il était surnommé avec déférence, commençait à susciter des récriminations, à provoquer des coalitions de la part de ses compatriotes du peloton national frustrés. À trop écraser de ses directives, l'empereur aboutit à lasser ses pires ennemis, souvent, placés près de lui. Cet état de révolte trouva son apogée, lors des Championnats du monde à Renaix en 1963. Où Benoni Beheyt accomplit un crime de lèse-majesté au terme d'une course compacte. Les sources de l'affaire remontaient à cinq ans en arrière, en 1958, à l'issue de Milan-San-Remo que Van Looy avait remportée. Très ou trop concerné par l'épaisseur de sa bourse, Rik II avait « oublié » de régler les primes de victoire à ses équipiers Gilbert Desmet et Benoni Beheyt. Le plus doué des deux, Gilbert Desmet, s'était en outre vu confisquer la victoire dans le Tour des Flandres et Paris-Roubaix à cause des agissements de son leader pas enclin à le laisser se servir. Façon vengeance, Desmet s'était promis de lui renvoyer l'ascenseur.
En 1963, Desmet et Beheyt étaient passés chez Wiels' GroeneLeeuw, réunis à leur ancien leader pour une journée sous les couleurs nationales. L'occurrence tombait à point nommée.

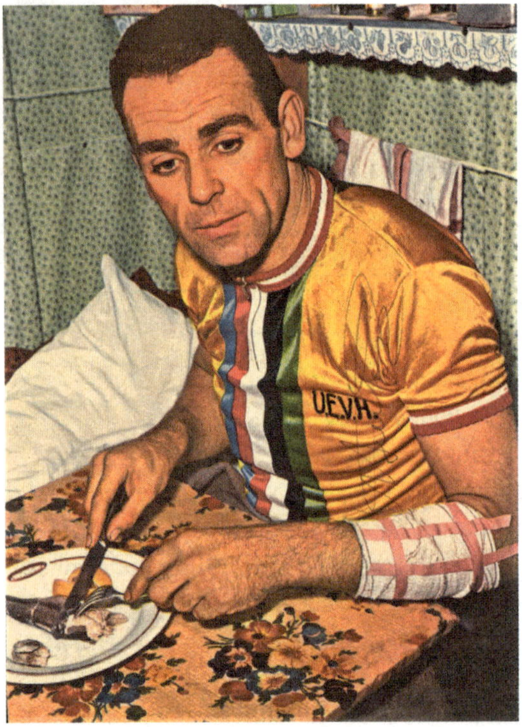

Rik Van Steenbergen, Rik I, qui fit de l'ombre à Van Looy, Rik II, à ses débuts. (© *Miroir du cyclisme*)

En vue de l'arrivée, Desmet chargé de mettre sur orbite Rik II démarre exprès de loin puis se relâche, l'acculant à temporiser, l'instant où débouche Beheyt, qui s'infiltre à la corde tandis que Van Looy sur la défensive lui ferme la porte. Avec pour seul moyen d'éviter la chute, sa main, Beheyt écarte Rik II, et dans un corridor de souris, file vers la victoire. Van Looy enrage. Il porte réclamation. En vain. Humilié devant son public, l'empereur se jura alors la perte de ce conjuré rivé à son échec - par mégarde ?
Il y parvint.

Empereur et tyran, comme routier sprinter, c'est une seule fonction où le vice prime à parité avec la vertu. Rik II le démontra bien.

MICHEL ROUSSEAU (1936-2016)

LE COSTAUD DE VAUGIRARD

Unique dans l'histoire du sprint, Michel Rousseau s'illustrait par ses frasques, en histrion sculpté dans un corps d'airain. Du métal fait homme ! Encore que relativement à son lieu de naissance, dans le XVe arrondissement de la capitale, fils d'un « bougnat » de la rue de Chambéry, non loin des abattoirs, on le qualifiait d'un surnom à la consonance bouchère, évocateur d'un personnage du Paris borgne de Francis Carco et de Léo Malet réunis : le Costaud de Vaugirard. Doué d'un instinct fulgurant, il dégomma un jour tous les grands sprinters internationaux, champion du monde à trois reprises (1957, 1958, 1959), deux fois médaillé d'argent (1959, 1961), champion olympique, à Melbourne (1956), six fois champion de France (1956), en amateur (1957), en professionnel (1959, 1960, 1961, 1962, 1967).

Autre qu'un métier que l'on acquiert, sprinter sur piste est un don du ciel, un don divin. Dans le temps, cette élection se doit d'être choyée pour celui parvenu dans le panel restreint des virtuoses du genre, seuls habilités à se disputer les arcs-en-ciel et les anneaux olympiques. Le tronc d'un bloc, la cuisse renflée, de l'épaisseur de deux jambons bombés, Rousseau appartenait à cette engeance du watt en pelote, des bêtes du déboulé, la tête aux commandes. De ce côté non plus, il n'était pas dénué. D'une cérébralité intense jusqu'à la gamberge inutile, il savait élaborer de savantes théories applicables ou, à l'inverse, s'égarer dans de très nébuleuses qui le classaient dans le camp des ramenards épuisants. Sympathique, malgré tout, au bout du compte, il était pardonné. Cependant, il n'avait pas toujours tort de monter au créneau, gardien consciencieux de sa discipline dans une France où, à la fin des années cinquante, les vélodromes se raréfient, spécialement à Paris et en périphérie, exception faite du Parc des Princes et de la Cipale. À ce point, il est remonté contre les routiers qui monopolisent les foules, dont la réputation de sérieux, pense-t-il, obscurcit quelque peu celle des seigneurs des enceintes. Face à Roger Flambart, dans *Miroir des Sports*, en 1958, il s'emporte : « J'en connais qui se donnent bien du plaisir, allez, laissez-moi rigoler avec vos routiers, il n'y en a que pour eux. Mais ne généralisons pas, s'il vous plaît, et puis chez les sprinters, chez les pistards, il y en a aussi qui prennent leur métier à cœur. » 2 titres de champions du monde, 1 de champion de France dans son escarcelle, il entend être

Michel Rousseau qui alliait la puissance à une extraordinaire capacité de déflagration. (© PresseSports)

Michel Rousseau battu par Enzo Saachi au Grand Prix de Paris à La Cipale en 1959. [© Collection privée]

considéré – et ceux de sa spécialité avec –, comme ce sera le sens de la croisade perpétuelle. Un tantinet parano, d'un romantisme paroxystique, il était prompt à se sentir la cible de mésestime. Dans la carcasse d'un Hercule tassé, 1,73 m, 81 kg à son poids de forme, il ne s'économisait pas. À osciller sur la bascule, il grimpera jusqu'à 120 kg, dès lors surnommé Gras Double, en 1962, à l'amorce de son déclin. Lorsqu'il avait débuté au Vél d'Hiv dans la célèbre épreuve de la Médaille, tandis qu'il patientait sur la ligne, pour amuser le public le speaker l'avait chambré, lui conseillant l'haltérophilie plutôt que le sprint.
Mal lui en avait pris, dès le drapeau baissé, le costaud de Vaugirard, qui s'exhibait à domicile, avait jailli d'un trait. En deux tours de piste, il avait rangé les rieurs de son côté, flattant d'ores et déjà son penchant d'extraverti en public. Eu égard à son rang, en 1959, emprunté par son physique de mastodonte, alors qu'il s'astreignait à un régime alimentaire strict, il se dressait aux bonnes manières, conscient de son devoir de représentation. Quoi qu'il entreprît, pourtant, son aura d'ours mal léché, de farfelu plus ou moins calculé le devançait, et comme cela l'irritait, en pur paradoxe, il le faisait savoir – un cercle vicieux. Méticuleux, obsessionnel en tout, il tenait à jour des carnets « scientifiques », le braquet de ses concurrents, les spécificités d'un vélodrome notés dessus. Sous son extérieur brouillon de tchatcheur bretteur au quart de tour, il exerçait un soin attentif à son art. Car la vitesse en est un où chaque détail

infinitésimal interfère, qui se resserre sur deux ou trois tours de piste, le dernier lancé, un art déflagrant, muscles et nerfs liés. Des nerfs, à cette époque, spécialement, il faut en avoir, réglés. En effet, chaque manche est précédée d'une séance de sur place à la discrétion des deux compétiteurs. Malheur à peu près à celui qui cède, et qui lance le premier, la subtilité consistant à se laisser glisser dans la roue de l'adversaire afin de bénéficier de son aspiration et à déboucher dans des conditions optimales en vue de la ligne qui se rapproche à la célérité d'une chute d'un toit.

Innovateur de choc, côté matériel, Rousseau n'hésita pas à supprimer sa potence, le cadre directement relié à la tête de la fourche, de même, anticipant l'invention de la fixation automatique, il fit sceller ses chaussures sur ses pédales pour ne subir aucune déperdition d'énergie. Bénéficiant des conseils tactiques de Toto Gérardin, son mentor illustre, qui déployait des trésors de constance, il dérogeait malgré tout, souvent accaparé par ses foucades dirigées vers le public. L'entraîneur témoignait alors : « Si j'avais ses jambes, je resterai champion du monde dix ans. Mais il ne veut rien entendre et il accumule les erreurs. » Sur la scène internationale, il est confronté à quelques étoiles particulièrement scintillantes : les Italiens, Maspes, Beghetto, Sachi, Turrini, Gaiardoni ; les Suisses, Suter, Plattner ; le très persévérant Hollandais, Derksen. En 1956, sur l'anneau de Melbourne, il s'est imposé devant l'Italien Guglielmo Pesenti et l'Australien Richard Ploog.

Michel Rousseau lors d'un omnium au Parc des Princes. Derrière lui, souriant, son entraîneur, Toto Gérardin.

Du jour au lendemain, il est devenu un as olympique, son nom gravé sur les tablettes pour la postérité. Recevant sa médaille des mains du duc d'Édimbourg, on lui prêterait d'avoir clamé à la façon d'un maréchal d'Empire : « Duc, la France vous salue ! » Péché de lèse-majesté, vrai ou faux, l'envoi conforme à sa nature lui restera attribué. Irrégulier, cédant à ses états d'âme, il aura à pâtir notamment de l'Italien Maspes qui le défera deux fois en finale des Championnats du monde, en 1959 et 1961. En 1958, lors de ceux qui se

À la une du *Miroir des Sports*, le 11 Mars 1958, Rousseau, le costaud de Vaugirard, relança l'intérêt de la piste en France. (© *Miroir des Sports*, numéro 714)

déroulent au Parc des Princes, chez lui dans cette enceinte, il perpétue ses fanfaronnades, se plaisant par sa désinvolture à excéder son entraîneur. Toutefois, Antonio Maspes laminé en demi-finale, Rousseau a terrassé Enzo Sachi en finale. Sur son fameux petit carnet de notes, à propos de l'Italien, on pouvait alors lire : « Coureur international, donc, extrêmement redoutable ; malgré son air calme dégage une très grande force physique et tactique : finit très fort. A couru sur toutes les pistes du monde, Australie, Amérique y compris. Intelligent et très sérieux, porte des lunettes. » Mélange de stratège affiné et d'un toqué imprédictible, Michel Rousseau se condamnait à la marge.

En France, il se confrontait à un autre sprinter de son acabit, ou presque, Roger Gaignard, un petit gabarit explosif, 6 fois champion de France de la spécialité entre 1956 et 1966, auteur de 2 podiums aux Championnats du monde amateur et professionnel en 1954 et 1957. Entre eux, cultivée par les organisateurs, la tension s'avivait. Juste avant le duo antagonique sur route Anquetil-Poulidor, ceux-ci détenaient à peu près l'équivalent sur piste. Gagnant-gagnant, aucun ne s'en plaignait et surtout pas les intéressés directs qui trouvaient à quelques grandes occasions les projecteurs braqués sur eux bien que retournant d'un spectacle huilé, il se fut mieux agi des feux de la rampe. En 1959, dans *Cyclisme Magazine*, Michel Thierry relevait : « Entre les deux jeunes coqs, il y a incompatibilité d'humeur, et ce n'est pas mauvais en soi car leur duel est toujours plein de sel. » Rousseau, remonté, appelait son contradicteur « geignard », se vantant d'en « bouffer deux chaque matin au petit déjeuner. » Au taquet, Gaignard alléguait : « Avec ce qu'il a dans la tête, on gonflerait dix ballons rouges. » Bien avisé en l'espèce, celui-ci s'était consacré à une carrière de clown sur piste, de cirque !

Le public du sprint l'ayant à juste escient nommé le Clown, face au Costaud de Vaugirard, à l'intitulé d'un match de catch, le spectacle était garanti. Aussi original mais moins loufoque que son alter-égo, Gaignard opposait à la surpuissance de son cadet de trois ans un sens tactique aigu. Début 1958, deux matchs sont organisés au Vél d'Hiv devant des gradins combles, Rousseau, s'estimant favori, assurait sur le ton de sa forfanterie habituelle qu'il allait corriger le Clown. Et ce fut le contraire qui advint, c'est le Clown qui le fessa. À une année de distance, en 1959, lors de l'Omnium du Vél d'Hiv par équipe, Rousseau, associé à Roger Rivière, atteint sa revanche partielle en décoiffant le duo Gaignard-Bouvet, (Albert).

Paré du maillot de champion de France en 1967, il raccrocha. À cette extrémité, il traînait déjà sa gloire derrière lui. Des probles de santé survenus avaient accéléré sa dégringolade. Il débuta alors une vie errante à plusieurs points du globe avec des fortunes diverses, en Afrique du Sud, aux Amériques, en Australie, moniteur en auto-école, croissantier, responsable de restauration rapide. En fin de vie, tourné vers le spiritisme et le surnaturel, toujours prompt à fournir des solutions biscornues à des probles qu'il se posait, dont celui du dopage dans le cyclisme – il prétendait détenir une méthode efficace proche des soins palliatifs. Inusable bricoleur de nouveautés en tous sens, idéaliste, Rousseau persévérait à spéculer, pour lui, pour tous.

À ce pédagogue farfelu qui se rêvait savant et altruiste, la citation de son homonyme en philosophie, Rousseau, Jean-Jacques, convenait, et convient encore : « L'homme ne peut faire son bonheur qu'en travaillant à celui des autres. » Aux Rousseau, l'utopie va bien.

MIROIR DU CYCLISME
DEUX CHAMPIONS
DEUX GÉNÉRATIONS
une même destinée ?
LA REVUE MONDIALE DU CYCLISME
MENSUEL N° 11 OCTOBRE 1961
Nouvelle série 1,50 NF (150 F.)

JEAN JOURDEN

L'ENFANT PERDU

« Il existe plusieurs vies. La première, c'est l'enfance. Heureuse ou malheureuse, on ne s'en remet pas. L'enfance, c'est le point d'eau. On y revient toujours. » Explicite et démontrée, cette citation de Pascal Jardin extraite de *La guerre à neuf ans* (1971) colle à dessein au parcours de Jean Jourden, un as chez les amateurs faute de l'avoir été chez les professionnels. Écartelé perpétuel entre l'espoir et les revers de fortune, à se battre contre la fatalité, à combler d'un côté avec ce qu'il avait débarrassé de l'autre, il se sera perdu pour une grande carrière sans jamais cesser de briguer l'excellence comme il s'y était accoutumé dès ses premières saisons chez les jeunes sous le maillot de l'AC Sotteville ; un club normand cher à André Boucher, son dirigeant qui forma quelques années en amont un dénommé Jacques Anquetil. Avec son trèfle à quatre feuilles imprimé sur le torse, le maillot de ce club prestigieux de la périphérie rouennaise semble bien agir en porte-bonheur, garant de réussite, de talent, de génie si l'on se réfère à Anquetil, avant que sous celui de La Française-La Perle, il remporte le Grand Prix des Nations en 1953 à l'âge de dix-neuf ans. L'A.C.S. accumule les titres de champion de France dont, en 1961, celui par société. Terre de rouleurs, la Normandie fournit un important vivier de coureurs de cette qualité, précoces de préférence, Gérard Saint, Jacques Anquetil, maillot des as de Paris-Normandie en 1953, et Jean Jourden comme lui, en 1961. En juin, il s'est adjugé la Route de France, une course par étapes, sélective, d'une semaine, rendez-vous de l'élite nationale qui opère en étalon de la valeur. En septembre, aux Championnats du monde de Berne, il se ceint d'arc-en-ciel, entouré sur le podium de ses compatriotes, Henri Belena et Jacques Gestraud. Il a observé les recommandations d'André Boucher, attendant le 9e tour pour gicler : 5 plus tard, il atteignait le nirvana de sa catégorie. La presse le pointe en digne successeur de son aîné au club, le grand Jacques, dont il se rapproche physiquement et, toutes proportions gardées, par son palmarès chez les amateurs. Il vient d'avoir dix-neuf ans, un boulevard s'ouvre devant lui. Plus dure serait la déconvenue.

Tout s'annonçait bien pour Jean Jourden, champion du monde amateur en 1961. (© *Miroir du Cyclisme*, numéro11)

De son enfance difficultueuse, il préservait une fragilité mentale et physique qui allait se retourner contre lui. D'aspect, sur un vélo, avec son mètre soixante-treize, mince et profilé, il modélisait le rouleur type, ce fameux de l'école normande, le label adéquat lorsque pendant 2 heures et plus dans un contre la montre, on est capable d'évoluer dans le rouge. Normand, Jean Jourden ne l'est pas – il est briochin –, mais

Jean Jourden, dans un contre la montre en 1961 pour l'obtention du maillot des jeunes-Paris-Normandie. (© CP promotionnelle, *Paris Normandie*, 1961)

venu tôt dans la région de Rouen, souvent, par assimilation, il sera considéré comme l'un d'eux, transcendant les clivages dans cet ouest jaloux de ses racines où les frontières ont souvent bougé.

La saison qui suit son sacre est une saison blanche. Privé de compétitions à cause d'une sale maladie pulmonaire qui pourrait bien dégommer sa carrière prometteuse à peine entamée, son maillot arc-en-ciel remisé au fond d'une valise, il se bat simplement pour se récupérer, soigné dans un sanatorium du plateau d'Assy, en Haute-Savoie. Le cyclisme reviendra plus tard ou pas. Fin 1962, il apparaît en tenue d'entraînement à la une du *Miroir des sports* qui titre : « Jourden, le miraculé ». En 1963, il a signé à l'ACBB, un autre grand club parisien, qui recrute de partout la cre des amateurs aspirant au professionnalisme. Sous l'égide de Mickey Wiegant, qui dirigea Anquetil chez Heyliett, entre 1956 et 1961, le Breton de Sotteville regonfle ses poumons, et donne même quelques signes de jouvence. Vainqueur du Critérium des As, à Villers, 2e du contre-la-montre par équipes des Jeux méditerranéens – il a effectué sa rentrée le 28 juillet au Grand Prix d'Auffargis, cher à Félix Lévitan – il s'y classe 8e. En 1964, année olympique, où il ne figure pas parmi la sélection sur route, avec l'ACBB, il est notamment champion de France par équipe contre la montre. En 1965, il passe professionnel chez Ford-France-Gitane sous la houlette de Raphaël Géminiani, dans l'équipe de Jacques Anquetil auquel il a été souvent comparé. Trop ? Peut-être. Au physique, entre eux, on décèle une blondeur cousine, le même air clair qu'un œil bleu destine, la même cotte d'épaule, mais hélas pas le même fond intrinsèque, d'autant que diminué par sa pleurésie, le cadet peine à réintégrer le rang qui fut le sien en 1961. Au plan mental, il connaît des sautes d'humeur, souvent, il se montre imprévisible. Alternant gentillesse et coups de griffe, il s'attire des inimitiés en sourdine. Puis, peut-être, mais c'est une hypothèse, que sa proximité avec Anquetil, le grand modèle, le renvoie à ses carences, cette année 1965, où il semble perdu, bien en peine de décrocher une place qui vaille. Par surcroît, Géminiani s'avère directif, impérieux, exagérément au goût de l'ancien champion du monde qui se braque. L'année suivante, précédé de sa réputation de cabochard, il émigre chez Mercier-BP-Hutchinson, auprès de Poulidor, cette fois, sous la direction d'Antonin Magne qui oppose à l'extraversion de Géminiani, une discrétion assimilée à de la sagesse. Sous le maillot violine, dans une spirale descendante, Jourden naufrage, l'on ne donne plus cher de son avenir chez les pros. L'année suivante, Jean de Gribaldy, spécialisé dans le repêchage de coureurs en difficultés, dans le montage d'équipes aléatoires, le sauve de son péril en l'embauchant chez Tigra-Grammont. Bon an mal an, il entame un bon début de saison, sur la côte où son sauveur providentiel, dit le Vicomte, aime que ces coureurs se distinguent– il rafle coup sur coup le Grand Prix d'Aix-en-Provence et celui de Saint-Raphaël. Puis, il disparait des radars sportifs, toujours enclin à se marginaliser au sein du collectif. Cependant, en 1968, sûr de ses prérogatives dans la nouvelle formation du Vicomte, Frimatic-Wolber-De Gribaldy où les salaires sont modiques, Jourden jouit d'une relative considération et, sûr de son fait, dans les Grands Prix azuréens d'inauguration, il réclame la protection de l'équipe. Dans ces courses ouvertes, où chacun peut prétendre défendre sa chance, cette demande soulève des refus. Au camp d'entraînement de Saint-Aygulf, remonté, il insulte ses co-équipiers réticents, dont, entre tous le très fair-play Jacques Cadiou. Cette fois, c'en est trop, l'équipe se braque, elle menace de ne pas s'aligner au départ de Paris-Nice si son insulteur y est sélectionné. Face à cette levée de boucliers, le Vicomte accède à la demande. Jourden ne sera pas au départ. Au pétrole de la vexation, piqué au vif, d'une humeur survoltée, celui-ci entreprend de son côté d'interminables séances d'entraînement, 200 km journaliers dont la moitié derrière Derny. Le 24 mars, au matin du départ du Critérium national, cet officieux championnat de France du printemps qui se déroule sur le circuit de Rouen-les-Essarts, à ceux qui voulaient bien l'entendre, il avait lancé : « Aujourd'hui, je vais tous vous mettre à plat ventre ! ». S'étant affirmé comme le grand animateur de la journée, il achève les 223 km, à la 2e place derrière Poulidor, battu sur le fil. Pour sa meilleure saison chez les pros, le grand Jourden de

En amateur, Jean Jourden fut sociétaire de l'A.C.B.B en 1963 et 1964 (© CP publicitaire ACBB-Terrot Leroux)

1961, ou presque, refait surface. Sur cet élan, il s'adjuge les Quatre Jours de Dunkerque, la Polymultipliée ; le Grand Prix de Plouay, termine 9e des Championnats du monde. Consécutivement à sa résurrection de Dunkerque, le 7 mai, le *Miroir des Sports*, qui l'observait avec bienveillance, titrait cette fois : « Jourden : la fin de 7 ans de malheur ». Sélectionné en équipe de France sur le Tour, frappé d'insolation, il avait renoncé lors de la 12e étape, exposant à nouveau cette fragilité qui ne lui permettait plus à ce niveau prétendre jouer un rôle déterminant sur les courses de longue haleine. Le veille entre Bayonne et Pau, alors qu'il caracolait en tête avec un commando, afin de juguler l'Espagnol San Miguel et l'Italien Passuello, les Tricolores avaient roulé contre lui. Jourden, l'imprévisible, ne s'était pas offusqué, laissant à sa place son directeur sportif chez Frimatic, Louis Caput, s'enflammer : « Cette équipe de France, c'est la mafia. Ce n'était pas la peine de prendre Jourden dans ses rangs pour le fusiller dans le dos comme ils viennent de le faire. » Toujours, dans son onde, même à son cœur défendant, résonnait cette petite note acidulée d'insatisfaction, de scandale larvé qui ne disait pas son nom. Question d'étoile, de prédestination ou psychologie résonnante, s'il ne fomentait lui-même la discutaille, elle s'organisait atour de lui. En 1969, il s'attribue le Grand Prix de Plouay où il couve ses habitudes en écho de sa prestation victorieuse, l'année précédente. Cette victoire de consolation n'efface pourtant pas son abandon sur le Tour. Tandis qu'à nouveau, il sombre dans l'anonymat, en 1970, Louis Caput qui manifestait un faible pour lui l'engage chez Fagor-Mercier dont il a pris les rênes. Là, Jourden retrouve Jacques Cadiou, son compagnon d'entraînement de naguère en Seine-et-Marne,

Le vrai miracle Jourden ne fut pas son titre de champion du monde mais sa résurrection qui lui permit d'embrasser le professionnalisme. (© *Pilote*, 1961)

avec lequel l'ardoise de Saint-Aygulf est effacée depuis longtemps. 3e des Boucles de la Seine, il décroche le Grand Prix d'Isbergues, dans le Nord, qui annonce toujours un peu chez lui un renouveau –vainqueur des Quatre Jours de Dunkerque 1968. En vain, en 1971, il a cédé aux sirènes de Peugeot-BP. Mais la machine est grippée, et bien qu'honnête professionnel, assumant sa part, il s'étiole. La fin approche où la fatalité reprend ses tours comme elle avait donné le ton en 1961.

Ce 19 mai 1972, lors de la 1ère étape du Dauphiné Libéré, il est échappé avec Jacques Botherel, Breton comme lui, ex-champion du monde amateur, comme lui, en 1964, qui n'avait pas sa langue dans sa poche, comme lui, l'un, Jourden, dans son maillot Peugeot, la crinière blonde, l'autre, brune, dans son maillot Sonolor, comme un peu des jumeaux qu'un sponsor aurait séparé. Soudain, un motard près d'eux commet un écart, les deux sont fauchés, blessés, Jourden git, gravement blessé à la cuisse. Le sort ayant ruiné son acharnement, il met un terme forcé à sa carrière en demi-teinte.

À la génération actuelle, ce nom ne dira peut-être pas grand-chose, l'histoire n'est plus de très de mise, mais au détour de ce portrait, à ses éventuels lecteurs jeunes, qu'il soit rappelé qu'en toute chose la fatalité n'est jamais loin, et qu'en cyclisme, Jourden, le prince des cabochards, est son symbole, son patronyme.

Pascal Jardin avait raison, de l'enfance, on ne se remet jamais.

"FORD"
Ford
FRANCE

LUCIEN AIMAR

LA QUALITÉ PAR DÉFAUT

En un interrègne équivalent au sien en cyclisme, en d'autre temps, s'il avait pratiqué la politique, il aurait pu s'instaurer en Paul Deschanel, l'empêcheur de Georges Clemenceau, tampon à la présidence de la République en 1920 entre Raymond Poincaré et Alexandre Millerand – encore qu'il ne fut pas tombé du train – comme Deschanel, mais qu'il ait pris le bon, professionnel chez Ford, en 1965. Lucien Aimar qui eut à pâtir d'une époque qui ne l'attendait pas forcément fut un champion de transition par fatalité. Sachant jouer de cette opportunité, il a gravé son nom à l'encre indélébile sur les tablettes.

Les années soixante favorisent largement les affrontements nets, la France se départage en gaullistes et antigaullistes, en jeunes et croulants, en Poulidoristes et Anquetilistes, lui s'inscrit de fait dans le camp du Normand dont il a rejoint l'équipe dirigée par l'exubérant Raphaël Géminiani, l'autre nom de la ruse moelleuse quand elle s'impose. Qui se souvient : « Lucien est arrivé là-dedans comme dans un jeu de quilles, les anciens l'ont accueilli d'un mauvais œil, comme s'il venait trop tôt. » Selon cette répartition, dans cette sphère aux mœurs figées, l'Azuréen aura eu à se gendarmer pour exister chez les professionnels, nanti de sa notoriété acquise chez les amateurs. Sélectionné pour les J.O de Tokyo en 1964, la même année, il cède la première place du Tour de l'Avenir à Felice Gimondi, perdue, non sur un coup de tête mais sur l'un, de poing écrasé sur le nez du très rugueux Flamand, Joseph Spruyt, futur équipier de Poulidor, chez Mercier en 1965 et de Merckx chez Faema en 1968 ; un ramponneau qui lui valut d'écoper d'une pénalité d'une minute, et lui coûta le gain final, 2e sur le podium.
Car on ne le cherchait pas, on le trouvait, pas très enclin à remettre à « Hyères » – dont il était natif –, ce qui devait se solder aujourd'hui, et n'importe où. Pourtant de mémoire d'équipier, son très relatif sens de l'exactitude horaire, sur la ligne de départ, pour une photo, individuelle, en groupe, pour les repas, provoque encore à sourire.
À revers, obnubilé, et peut-être fébrile, sous l'empire d'un impayable effet retard, remis en langage d'aujourd'hui, comme mû par un algorithme décalé, Aimar donnait autant à s'esclaffer qu'à pester. Pour quelqu'un de réfractaire aux épreuves contre la montre, l'absence de ponctualité allait bien. Et, alors qu'il partageait la chambre d'Anquetil, spécialiste du genre, son travers ne s'améliora pas, estampillé en une marque de fabrique. Rien d'un hurluberlu, non, mais quelque chose comme une précipitation intérieure qui

Sachant sourire, Lucien Aimar savait aussi se faire entendre dans le concert des meilleurs. (© PresseSports)

Lucien Aimar chez Bic de 1967 à 1969. (© CP publicitaire Bic)

le désignait à l'originalité, qui l'incitait à tergiverser ; à négocier avec lui-même, tandis que sans paradoxe il se montrait capable de prospective, habitué aux hautes responsabilités dès son recrutement au sein de l'équipe de France amateur.

La boucle drue, l'œil noir brasillant, les traits rectilignes, un nez proéminent, significatif dit-on de convictions fortes, en lointain cousin d'un Vietto taciturne extraverti, Aimar perpétua sous cape la tradition du Méridional atypique – les deux tirant leur postérité du Tour où les années en 6 réservent des surprises, à preuve : 1956, Roger Walkowiak ; 1976, Lucien Van Impe ; 1996, Bjarne Riis ; 2006, Oscar Pereiro. Celui de 1966 confirma la règle en devenir, que Lucien Aimar s'attribua contre toute attente. Où, ironie ou justesse du destin facétieux et pourtant exact, finalement, il profita de l'affrontement entre Anquetil et Poulidor rivés à se neutraliser, bénéficiaire d'une valse indistincte du maillot jaune. Le 8 juillet, embusqué au général, en route vers Turin, il décocha sa flèche. Avec 2 minutes engrangées, il se parait de jaune jusqu'à Paris. La veille, 2e au général, il se serait bien contenté de cette place pour l'histoire. Mais Géminiani, avait rué dans les brancards : « Ici, on n'est pas chez Mercier, le maillot jaune tu vas le prendre, et c'est aujourd'hui. » Ce qu'il fit. Cependant, les autres jours ne furent pas limpides. Anquetil, ayant renoncé pour toujours à la Grande Boucle, il se retrouvait isolé, quand bien même il pouvait encore compter sur la présence de Stablinski, grand stratège devant l'éternel. Conforme, finalement, et malgré lui encore à son aura d'inclassable, il se retrouva suspecté au centre d'une collusion d'ampleur alors que d'autres équipes « dans le coup » semblaient veiller de près à son bien.

Les commissaires sur la piste, Géminiani, l'instigateur de ce jeu de rôles pipés, criait au loup, arguant en contre feu que le peloton entier se vouait à la perte de son poulain. En réalité, via Aimar interposé Géminiani, qui avait défait Poulidor, était bel et bien à la manœuvre.

Regardé en 1967 comme le challenger de Poulidor, l'éternel favori sur le Tour, Aimar ne réitéra pas son bon coup de 1966. (© *Miroir du Cyclisme*, numéro 87)

Retenu en plan B, le Hyérois démontra qu'il avait l'étoffe de celui d'un plan A. Entre l'ère Anquetil et celle d'Eddy Merckx, il avait su saisir sa chance, à moins que ce ne fût sa chance qui l'ait saisi. Dans tous les cas, comme obéissant à une pendule intime, envers et contre tous il sut se transcender à point nommé en adéquation avec sa nature scindée entre errance pour les détails du quotidien et ponctualité pour les grandes causes. Pour s'être colleté avec les affres du conservatisme de rigueur à ses débuts pros, en champion d'un intervalle transitoire s'accordant aux circonstances, il remit les pendules à l'heure.

La qualité peut naître d'un défaut.

PRESSE

CYRILLE GUIMARD

NAPOLÉON EN CUISSARD

Le Nantais, pour d'aucuns, Napoléon, pour d'autres, Cyrille pour tous, qui le respectent, en qualité de directeur sportif, abrité sous le bicorne de meneur d'hommes et de stratège, Guimard demeure celui grâce auquel le cyclisme s'est inscrit dans la modernité à la moitié des années soixante-dix. Et, telle que sa vocation de leader lui était apparue dès ses premières pédalées dans le peloton amateur, il l'étoffa pendant près de quarante ans – et encore, de nos jours. Son brevet de compétence acquis au guidon, d'abord, puis au volant, ensuite, savant cocktail d'ingéniosité et de rouerie, d'un savoir inné et d'une technicité redoutable, il incarne à lui seul une tranche conséquente de l'histoire du cyclisme courant des années-combines à celles des années-watt. D'une longévité inversement proportionnelle à celui auquel il nous plaît de l'assimiler, il eut vingt ans sous Anquetil, 40 presque près Hinault, et plus, désormais, sous qui l'on voudra.

Aux cadets biens nés aucun podium n'est inaccessible et, à seize ans, en 1963, il se hisse sur la 3e marche de celui des Championnats de France, en junior galonné, il accumule les succès, en sénior, il frappe d'entrée, Gênes-Nice 1968, grimpe près du soleil, 3e des Championnats du monde en 1971. Huit ans se sont écoulés depuis son intronisation dans l'élite de l'élite puis un beau Tour de France 1972, près de l'apothéose, son genou le trahit. Tandis que ce Waterloo – de l'articulation – obère sa carrière, voici que sur un coup de tête, mais ça en est un de Brumaire, il s'installe aux commandes de Gitane, passé en un hiver du rang de capitaine sur l'asphalte à celui de général sur plan. Déjà, on le sait retors, vif et instruit, capable de retourner les situations épineuses, de parlementer aux tables syndicales, de se projeter sans cesse, entraînant avec lui dans la gloire celui que le renoncement titillait sous Stablinski, Bernard Hinault.

Tous les directoires sportifs, institutionnels, auront eu à transiger avec lui, contraints à lâcher prise, à s'amender, à lui prêter allégeance, à composer en tout cas – fédération qui tergiverse. Arrière les Barras : Olivier Dussaix et Germain Simon, présidents de la FFC entre 1973 et 1988 ; Union cycliste internationale qui renâcle puis s'adapte – et, c'est Tilsitt. De tous les forums, partisan d'un statut du coureur, d'une formation à l'issue de sa carrière aléatoire, d'une réforme juridique des équipes, attentif aux avancées médicales et techniques, sous sa prise le cyclisme change d'âge.

L'œil au loin, la mine perplexe, Cyrille Guimard semble s'interroger sur son avenir de coureur lors du Tour 1974 qu'il abandonna pendant la 21e étape. (© PresseSports)

Interlocuteur de choc, Cyrille Guimard, ici, en conversation avec Peter Post en 1972. (© Collection privée. DR)

À peu près invincible sur le Tour entre 1976 et 1984, 7 victoires, par Van Impe, Hinault et Fignon, c'est un peu, au nombre, comme pour qui l'on sait, aller d'Arcole à Marengo, campagne d'Égypte incluse. Du haut de la pyramide, dorénavant, Guimard veille, attire et découvre. On ne signe pas chez Renault-Gitane, on s'enrôle, de loin, d'Amérique : Greg LeMond, champion du monde en 1983. Sous le maillot guêpe, jaune et noir, l'ordre et la discipline sont de mise. Napoléon Guimard s'épanche peu, il prévoit de loin, évalue, jauge à l'écart, dans son coin, et ça lui sera reproché – Marc Madiot, grogneur et grognard ! Les états d'âme, les chahuts de l'esprit, il s'en charge, doté d'une psychologie ajustée au décryptage de celle des champions, surtout quand ils sont grands : « Je crois qu'ils sont hors du commun. Lorsque vous analysez leurs comportements, ils ont tous quelque chose de paradoxal. La plupart du temps, on appelle ça du mauvais caractère. On va vous dire qu'ils sont difficiles à vivre. Non, ce sont des gens qui sont surdoués et quand on est surdoué, par obligation, on ne raisonne pas comme tout le monde. » De l'exception naît la norme dans les visées – hors normes – de Guimard dont, d'usage, le goût du sibyllin bien orchestré à l'oral confine à un solfège à déchiffrer.

Entre l'atypique, lui-même, et les surdoués, Hinault, Fignon, le courant passe, encore que ce second, dans son ouvrage *Nous étions jeunes et insouciants* (2009), l'admire et l'étrille d'une phrase scindée : « C'était un très grand directeur sportif mais humainement détestable » – soyons historique, et considérons-la comme équivalent au coup de pied de Lannes, à Essling, qui, à son dernier souffle, tança l'Empereur pour ses campagnes homicides. Ensemble, ils ont innové, associés dans la structure sportive France Compétition et la régie publicitaire Maxi-Sports qui leur arrogent les pleins droits sportifs et commerciaux, tout bénéfice promotionnel réservé au sponsor. Pourtant, l'Empereur possède un très relatif sens des affaires, ou alors s'il le domine, une certaine négligence lui incombe, pour laquelle, admettons, en octobre 1997, il est rattrapé par une sale affaire d'abus sociaux dont il aura le plus grand mal à se dépêtrer. Mais il en va ainsi pour ceux auquel le soleil sourit assez naturellement qu'un jour il s'obscurcit.

En dépit de cette épine dans sa botte, son aura de manœuvrier, de prince du poker menteur ne se ternit pas – et, là, c'est Talleyrand. Habile à bluffer, comme de s'être imprégné des méthodes de son grand aîné Géminiani, le grand déstabilisateur, de celles de Stablinski, stratège à l'économie, il persiste à conduire à la victoire quelques-uns de très honnêtes coureurs auxquels elle n'est pas promise – Van Impe, vainqueur du Tour de France 1976. Entre autre stratage, à la barre, il excelle à feindre se désintéresser de la course afin de forcer l'adversaire à prendre l'initiative de rouler alors qu'elle lui revient de fait – à son équipe. Pendant deux décennies au moins, au summum de sa puissance, il régna sans partage sur le monde du cyclisme, son aura influente à faire plier d'un regard ou d'un mot poivré quiconque le contredit, forcément à tort. Joker – il n'est

Au sommet de sa gloire interrompue sur le Tour en 1972, Guimard, maillot jaune, devise avec Eddy Merckx. (© CP promotionnelle La Hutte, 1972)

De 1968 à 1973, Guimard fut fidèle à Mercier. (© CP publicitaire Fagor-Mercier)

pas aisé de diriger un Hinault, un Fignon, un Madiot ou un De Las Cuevas. Prime – pour un investisseur, lui confier son budget, c'est s'assurer de solides retombées. Sur tous les tableaux, l'Empereur avance ses pions gagnants.

De l'extérieur, il suscite des envieux dont l'un d'envergure, en 1984, qui constituera, à lui seul, à l'aune des moyens investis pour le contrer, une coalition notable : Bernard Tapie. En une sorte de général Moreau – rallié aux Russes en 1813 –, Hinault, entré en délicatesse avec son mentor d'origine, est à la clef de l'aventure de La Vie Claire-Terraillon ; cette vie claire qui pèse lourd dans la balance, et qui assombrit celle de Guimard, piqué dans son orgueil, touché en son for intérieur par la désertion de sa gâchette dorée. Les moyens consentis par Tapie pour parvenir à ses fins l'excèdent, réfractaire à la politique du portefeuille ouvert. L'année suivante, en 1985, Tapie récidive en lui ravissant Greg LeMond. Des mots volent entre les deux irréductibles, forts en the à parité. Et quand l'un, Guimard, tend à préserver son territoire, l'autre, Tapie, vise la mondialisation. Et, somme toute avec des résultats. Quelles que soient les méthodes affichées de l'industriel aventureux, un fait est patent, l'homme de l'art a fini d'être seul à la manœuvre. Une autre époque s'ouvre.

Si l'épopée devait s'arrêter là, elle suffirait largement à édifier la cire de l'Empereur Guimard en composite des maréchaux à son diapason – un peu Berthier pour ses aptitudes à l'état-major, un peu Davout pour son omnipotence, très Lefèvre et Soult pour son feu sacré et sa longévité. Et, c'est ainsi que Guimard est grand – il n'est pas né celui qui l'exilera à Longwood.

Postérité garantie, une épitaphe se dessine : « Jamais seul contre tous ! »

TO
RESSE

ROGER PINGEON
(1940-2017)
L'INDÉPENDANT PERPÉTUEL

En manière de rassembleur Roger Pingeon n'excellait pas, enclin au coup de tête inopiné, perpétuel indépendant dans un sport professionnel dont il fustigeait les us, affairé sans relâche à cogiter à part, à évaluer autrement la réalité qui s'imposait à tous, retranché dans une forme de déni qui lui coûta des solidarités opportunes et, conséquemment, un palmarès mieux achalandé. Question d'horloge intime, cet athlète atypique en plein cédait à des tocades multiples, relégué dans la peau d'un mal aimé, d'un incompris, pas loin de renoncer *ad vitam* à sa vocation malmenée, à déchirer son contrat professionnel qu'il avait sué à obtenir en 1965 quand il débuta en fanfare sous le maillot à damiers de chez Peugeot – 12e du Tour de France. Pinpin, au quotidien, Pinpon quand il y avait le feu, mais plus sûrement « l'échassier » pour sa morphologie longiligne et anguleuse d'un héron haut perché, ce plombier-zingueur de formation n'aurait jamais dû pratiquer le cyclisme, déclaré inapte à cause d'une arythmie cardiaque dépistée lors d'une visite médicale en 1957 pour l'obtention de sa première licence amateur dans le comité du Lyonnais. Par un second de complaisance, enfin, il avait pu se lancer dans la compétition.

En seulement deux ans, indice de sa valeur, en 1959, il accède à la première catégorie. En fin de saison, il est approché par l'équipe professionnelle dauphinoise Liberia-Grammont dont le siège social est établi à Grenoble, à la dévotion d'un autre Lyonnais comme lui, Henri Anglade. Seulement, né en 1940, le service militaire en ligne de mire, il est contraint d'atermoyer. Premier accroc, première déveine sportive et individuelle, il rejoint l'armée ; bon pour un séjour de quatorze mois en Algérie. À son retour, en 1962, il repart quasiment de zéro chez les amateurs d'élite dans l'optique de franchir le Rubicon qui départage un cyclisme d'enthousiasme de celui, compartimenté, où autre que posséder les jambes, il faut user d'instinct et de malice pour forcer son étoile. Et là, peut-être encore, le foyer d'un handicap supplémentaire pour l'échassier lorsqu'il y sera admis. Ce qui advient en 1965, après qu'en 1964, chez les indépendants, il se soit arrogé à la force du mollet, qu'il avait long et noué, la Poly lyonnaise ouverte aux pros, 2e du Grand Prix de France contre la montre. Alors qu'en spontané, par une première lettre, il avait sollicité Gaston Plaud en vue d'intégrer l'équipe Peugeot, il s'était vu signifier

Roger Pingeon, chez Jobo-Lejeune, en 1974, sa dernière année pro : la moue des jours mauvais. (© PresseSports)

En provenance de chez les indépendants, Pingeon était passé pro sous le maillot à damiers de Peugeot en 1965. (© CP promotionnelle Peugeot BP, 1968)

un refus, par une seconde, cette fois, il s'était trouvé comblé. Bémol ! Si dans la catégorie intermédiaire des indépendants, il gagnait relativement bien sa vie, flanqué de son partenaire Paul Gutty, qui franchit aussi la démarcation cette année-là, chez Pelforth-Sauvage-Lejeune, il doit admettre un salaire à la baisse. Nouvelle désillusion en forme d'une promotion, déjà l'échassier se coltine aux affres d'une destinée douchée de chauds et froids. À preuve, tandis qu'il est en passe de remporter le *Midi Libre*, son équipe, dont le leader n'est autre que le Britannique Tom Simpson, roule contre lui. Les organisateurs, censément, préfèreraient un nom plus clinquant que le sien à inscrire sur leurs tablettes. 1 an après, dans *But* et *Club-Miroir des Sports*, en mars 1966, en souvenir de cet épisode saumâtre, il jure : « C'est décidé, plus jamais je ne monterai sur une bicyclette ! Le cyclisme depuis l'an passé ne me rend pas ce que je lui donne. Au fond, je ne suis peut-être pas fait pour ce métier ! » Ce à quoi il ajoute qu'il va reprendre son ancien métier, plombier-zingueur. Anquetil à proximité, qui n'a rien perdu de l'échange, conclut sans modération : « Alors, cet homme est fou. » Personnage fantasque, certes, mais surtout modeste, il digérait mal cette nouvelle donne pragmatique à revers de ses valeurs serrées. Cela ne va pas s'arranger en 1966, quand un jeune Belge nommé Eddy Merckx débarque dans la formation aux damiers. Notre Lyonnais qui cogite, se sent de plus en plus mal aux entournures dans cette sphère. Paris-Nice qui ouvre la saison ne va pas le réconcilier avec ses doutes. Porteur du maillot blanc de leader lors de la 4e étape, il doit le laisser à son co-équipier Désiré Letort. 2 jours plus tard passé à l'attaque pour le récupérer, il est victime de 2 crevaisons. Derechef, c'est le coup de trop. Amer, désemparé, il annonce son retrait définitif. Dans *Miroir-Sprint*, Roger Bastide, adroit à décrypter, se livre à une introspection en règle : « Roger Pingeon n'a-t-il pas éprouvé un sentiment de frustration ?[…] Ce n'est pas cette crevaison qui peut avoir provoqué sa décision de raccrocher. […] Et il faut bien faire le rapprochement avec la façon fort suspecte qu'il n'avait pu oublier, dont Pingeon perdit le Grand Prix du Midi Libre l'an dernier. Grâce à des exhortations multiples, il se résout à persévérer. Caractère de cochon, caractériel, ou bien encore, fantasque pour ingérable, solitaire, original, ces épithètes mêlées lui colleront sa carrière durant. 8e d'un Tour remporté par Lucien Aimar, en août 1966, dans *Miroir du Cyclisme* n° 76, en perspective des Championnats du monde disputés sur le circuit du Nürburgring, en Allemagne, François Terbeen l'estime à la cote de 20 contre 1 au même rang qu'Aimar, Anglade,Dancelli, De Roo, Karstens, signe manifeste qu'il compte dorénavant parmi le gotha. Puis advient le Tour 1967, disputé par équipes nationales, où il va toucher son apogée, débuté par le festival de Jambes, du nom de la bourgade belge où il triompha s'étant définitivement paré de jaune. Cependant, l'odyssée ne fut pas sans anicroches pour l'échassier au mental toujours aussi friable, s'évaluant souvent délaissé par ses équipiers au sein de la formation nationale, silencieux sur ceux dévoués à sa cause enrôlés dans des formations françaises annexes ; un imbroglio monté tour à tour en épingle par Gaston Plaud, directeur des Bleuets, et de Peugeot, qui accuse Aimar d'avoir roulé pour les Bic et non pour Pingeon, par Géminiani, patron d'Aimar, et donc de Bic, accusant Bayssière, un coq de chez Peugeot, d'avoir roulé en sourdine pour Pingeon qui ne restera pas sur son quant-à-soi, la victoire acquise : « Poulidor m'a un peu aidé dans deux ascensions, la télévision était là ! » Il faut reconnaître que même à la loyale, il lui avait ravi sa place. Malgré sa retenue d'apparence, avec son côté professoral, Pingeon fomentait les commentaires

Raymond Delisle, aussi cabochard que Pingeon, mais moins sombre, eut à écoper des foudres de son leader sur le Tour en 1969. (© Poster *Miroir du Cyclisme*, 1969)

Vainqueur surprise du Tour 1967, par son abnégation sur la route et son aisance à s'exprimer en vis-à-vis, le Lyonnais avait su séduire la presse et les médias. (© *Le Miroir des Sports*, 1967)

en coulisses, et de plein fouet, comme si évoluant, il avançait précédé d'un mal-être qu'il distillait où qu'il soit. Si, dans les mémoires, les performances se colorent du mental du champion qui la commet, admettons que le Tour 1967 restera comme empreint d'un rien de la neurasthénie de son triomphateur. En 1968, patron en titre de l'équipe nationale cette fois, il achève le Tour à la 5e place, 4e du classement des grimpeurs, 3e à celui du combiné, lauréat de celui de la combativité aux points. Lors de l'édition de 1969, il se distingue en terminant 2e derrière l'intouchable Eddy Merckx à l'entame de son règne, mais aussi pour avoir expédié une baffe magistrale au vu et au su du peloton à son équipier Raymond Delisle qu'il accusait d'individualisme après que celui-ci se soit lancé dans une échappée intempestive à son goût : « Ça ne pouvait plus durer. Lui, il n'en fait qu'à sa tête et ne participe jamais au travail d'équipe. Alors, voilà, je lui ai donné cette claque au nom du groupe. C'était un geste collectif. » Le soir, le Normand refusa de dîner à la table de son leader – il laverait son honneur en triomphant à Luchon, le 14 juillet, ceint de son maillot de champion de France. Maté sur le Tour par le Cannibale qui aiguisait ses dents, Pingeon s'est attribué la Vuelta. À partir de 1970, un grain de sable s'est glissé dans les rouages, et insensiblement, le Lyonnais s'enfonce, notamment sur le Tour, qu'il abandonne en 1970 et 1972, non-partant en 1971, 11e en 1974. Par une sorte d'entropie qui le gagne, il demeure dans les pelotons avec le statut respectueux d'un préfet hors-cadre.

Absent par force au départ du Tour 1971, il avait été rattrapé par un contrôle positif lors des Quatre Jours de Dunkerque 1970 – Cyrille Guimard et José Catiau, également pris. Condamné à un an de suspension avec sursis, il est à nouveau pincé sur le Tour des Flandres. En réplique, avec son sens particulier du seul contre tous, il attaque la Fédération française de cyclisme au départ d'une dite « affaire Pingeon » qui va ébranler l'opinion, motivant des interventions dans le monde politique, celle de François Mitterrand, alors député de la Nièvre : « L'application par une fédération sportive française d'une disposition internationale aboutit en fait à priver des coureurs cyclistes professionnels d'exercer leur profession. » Pingeon s'obstine, réclame des éclaircissements au ministère de la Justice. Au terme de cette embrouille juridique, la décision annulée par le Conseil d'État, il recouvre son droit de courir, enterrant le prétexte bidon d'en avoir saisi un que lui tendait un spectateur. Non qu'il soit dopé plus qu'un autre mais à ce point, trois ans après la tragédie de Simpson sur le Ventoux, le bricolage continuait. En juin 1971, dans *Miroir du cyclisme*, à François Terbeen, toujours sur son pan dépressif, en berne, il déclarait : « Il ne me reste plus qu'à envisager ma reconversion. Déjà, j'ai ouvert un magasin d'articles de sport, non loin de Vertrieu. [...] J'ai parmi mes projets de contacter mes employeurs de la firme Peugeot-BP afin d'obtenir un poste d'agent régional. » Il n'en fut rien, il avait repris du collier jusqu'en 1974, année où il raccrocha pour de bon. Toujours prompt à la dérobade, rançon d'une anomalie physiologique dépistée en 1959, il décède précocement en 2017 d'une crise cardiaque.

Si le cyclisme ne fit pas le bonheur de Roger Pingeon, à tout le moins, il ne fit pas son malheur non plus, et à diviser par deux, dans un souci de parité, gageons qu'il l'aura exaucé à moitié. Peut-être pour s'affranchir de ses affres répétitives, aurait-il dû s'inculquer cette maxime de La Rochefoucauld : « On n'est jamais si heureux ni si malheureux qu'on l'imagine. »

Comme le damier de Peugeot, la vie, un jour, c'est blanc, un jour, c'est noir, or, mieux que tous, vous le saviez, cher Roger Pingeon.

PEUGEOT

TOM SIMPSON (1937-1967)

L'ANGLAIS TEL QU'ON LE PLEURE

Quelle connerie de mourir à 30 ans, en 1967, en plein *Summer of love*, un mois après la sortie, en juin, de *Sergent's Pepper Lonely Heart Club Band*. En cette intervalle psychédélique où les pilules colorées – *Purple heart* – les substances variées trouvent acquéreurs dans les coulisses des clubs de la capitale anglaise en émulsion, du *Marquee* ou du *Speakeasy*, elles circulent aussi sur le Tour ce matin du 13 juillet, à Marseille, en direction de Carpentras via le Ventoux : des amphétamines, de la pastille blanche de synthèse, à la dynamite, Tom Simpson n'y aura pas résisté.

Pour un postulat circonstancié, la Pop et le cyclisme, c'est idem, ça se pratique pareil, en groupe, seul à son instrument, sur son vélo, contre le vent, au renfort de la chimie dans les deux cas. Les artistes se droguent pour explorer le rêve, les coureurs se dopent pour pédaler plus fort, non pour moins souffrir mais pour endurer plus longtemps, se transcender au-delà de leurs limites –aller plus loin, plus vite jusqu'où ? *Here is the question* ! Tandis que la drogue incite à l'absence, à sonder l'abstrait au plus près de la sensation, le doping – à l'anglaise, comme il se doit –, sert à endosser des charges accrues dans un processus inverse d'ultra présence physique. Par cette pratique augmentée, sous un angle global, l'homme des sixties revendique mordicus, au pire, la liberté de se détruire, au mieux, de se construire au prisme d'une réalité déformée arguant du fait que, pour l'avenir, l'utopie visée, la performance, résultera ou s'accoutumera de ce supplément. Efficient dans la Pop, cet état d'esprit n'est pas loin de régner dans le cyclisme où les coureurs dédaignent les contrôles qui commencent à sévir. En France, en 1965, la première loi antidopage est promulguée, le tout premier contrôle sur le Tour de France effectué cette année-là. Les coureurs tirés au sort s'y rendent à reculons. En 1966, d'autres eurent lieu sur le Tour de France. Cette fois, les coureurs ligués derrière Jacques Anquetil déclenchèrent une grève. Question de latitude individuelle, réfractaire à toute incursion dans la vie privée, aucun n'apercevait derrière le rideau tiré du silence le drame qui se nouait. C'est toujours l'autre qui meurt.

Tom Simpson qui conquit l'arc-en-ciel et gagna les cieux plus vite que prévu. (© PresseSports)

L'autre c'est lui, Tom Simpson, le faciès de l'Anglais sympa par excellence – quand il l'est –, l'un de ces Grands-Bretons tels qu'on les apprécie de ce côté-ci du Channel, avec ce qu'il faut d'originalité plaisante, de politesse esquissée d'un sourire, de désinvolture appliquée qui nous renvoie à nos lourdeurs. Il est comme ça Tom Simpson, conforme à l'image qu'on attend de lui, mince, emboité d'un long tronc, une face d'oiseau de proie inoffensif fendue d'un long nez busqué, sa coupe de cheveux raide, une frange rabattue sur le front qui lui donne l'air d'un Beatle(s) fraîchement sorti de chez le coiffeur. À la ville, il porte volontiers une casquette de tweed, une veste de la même matière, mi-gentleman policé mi-arsouille espiègle. S'il avait décidé d'être musicien, il aurait très bien pu officier dans un groupe de Northern Soul, natif de Haswell, en 1937, dans le comté de Durham, au nord-est de l'Angleterre. Et peut-être dès lors, son destin, sa mort, s'en serait trouvé changé. Mais non, ce gamin du bassin minier de Hayworth avait choisi le cyclisme, licencié au club de cette ville laborieuse en une époque où cette discipline sur route en Angleterre restait confidentielle en regard du football ou du rugby. D'emblée, le jeune Simpson s'illustre dans des épreuves locales puis, fleuron de l'équipe britannique de poursuite, il décroche la médaille de bronze aux J.O de Melbourne en 1956. Benjamin de sa formation, il annonce des lendemains qui swinguent. D'une manière insolite, à son palmarès amateur, on note qu'il s'est attribué à deux reprises le titre de champion national de la montagne en 1955 et 1957, une singularité toute anglaise dans une contrée pas très vantée pour ses reliefs. Cependant, pour l'avenir, ces titres augurent d'un don qui se vérifiera. Alternant des anneaux à la route, en 1958, aux Jeux du Commonwealth, il rafle la médaille d'argent de poursuite individuelle. Cette saison, il cède à l'appel du continent débarqué, en France, à Saint-Brieuc, chez ses cousins petits-bretons, licencié au C.O. Briochin. En 1959, il signe une licence professionnelle chez Saint-Raphaël - R. Géminiani-Dunlop : le 15 août, il se classe 4e du Championnat du monde sur route remporté par Darrigade à Zandvoort aux Pays-Bas. En 1961, il est le premier Anglais vainqueur du Tour des Flandres comme il le sera encore, pour une empreinte historique à l'issue de Milan-San-Remo 1964, de celle des Championnats du monde en 1965, insigne porteur du maillot jaune de son pays en 1962. À ce cap, il brille en ambassadeur de sa majesté et du *Swinging London* sur route tant que regardé d'aujourd'hui il paraît effectivement certifier la suprématie anglaise d'alors sur tous les fronts culturels ou sportifs – l'équipe de football au maillot frappé de la rose détentrice de la Coupe du Monde 1966.

Même si le début de la saison 1967 n'a pas été blanc pour l'Anglais, il a remporté Paris-Nice, deux étapes de la Vuelta, une sur le Tour de Sardaigne, le Manx Trophy, sur le Tour de France couru par équipes nationales, leader de celle très modeste d'Angleterre, il ne flambe pas. Quoi qu'il en soit, la veille encore de sa tragédie, à Marseille, il pointait à la 7e place du général à 8 min 20 de son coéquipier Roger Pingeon chez Peugeot, maillot jaune, membre de l'équipe de France. Nul ne doutait qu'avec ses capacités avérées de grimpeur, exploitant l'escalade du Ventoux, il allait tenter un rapproché puis aussi, peut-être, et ce fut évoqué, afin de réveiller la convoitise des organisateurs de critériums d'après-Tour, encore lucratifs à cette époque. Pour cet enjeu global, le Britannique cher au cœur des Français s'était inculqué de frapper fort dans cette étape dont le profil, *a priori*, lui convenait. Le départ donné sous un cagnard épais, au fil des kilomètres la température n'a de cesse de grimper quand les coureurs, eux, redoutent dans ces circonstances de se lancer à l'assaut des 21 km du mont Pelé, tueur d'homme comme il allait le prouver. Encore qu'il ne fut pas seul responsable. Le matin, à Marseille, empli de méfiance et de scepticisme, le docteur Dumas, médecin officiel du Tour, appréciant la météo brûlante, avait affirmé à quelques observateurs : « Aujourd'hui, s'ils prennent un truc, on aura un mort sur les bras. » Bien avisé, il ne présupposait pas dire juste. Jiménez et Poulidor, caracolant en proue, derrière Tom Simpson ont été éjectés des poursuivants directs parmi lesquels Pingeon, Gimondi, Janssen, relégué dans un troisie groupe en compagnie notoire de Lucien Aimar et de Désiré Letort. Moins que les kilomètres, dorénavant, ce sont les hectomètres qui pèsent. Les hommes se déhanchent, collés sur la selle, se hissent parfois pour quelques pédalées afin de relancer puis se rassoient pour gagner encore quelques décamètres, et ainsi de suite. Dans cette géhenne, à environ 3 km du sommet, soudain, le Britannique, sa casquette vissée en haut du front, part à effectuer des lacets sur la route, à se désunir, à la rupture. Il est coutumier du fait, capable de reculer les barrières de l'extrême.

Sur les pentes du Ventoux où la mort guette… (© PresseSports)

À l'arrivée, à Carpentras, Lucien Aimar atteste : « Plus que n'importe lequel d'entre nous, il allait au-delà de la souffrance. Quand il a été lâché, il s'est mis dans ma roue, Simpson a alors démarré, […] je n'ai rien fait pour le rejoindre, et c'est sans aucun effort que je suis revenu sur lui. Il attaqua encore mais il fut encore rejoint et c'est alors qu'il ne put plus nous suivre. » À environ 1,5 km du sommet, le mécanicien de l'équipe belge, Fernand Tuytens décrit son calvaire : « Il tanguait, il zigzaguait, il n'avait plus de réflexe. Une, deux, trois fois, il tomba. Et chaque fois, il fut remis en selle. » Le teint hâve, l'œil perdu, affaissé sur sa machine, les coudes repliés, d'un coup, il chancelle davantage. Des spectateurs le poussent sur 300 mètres puis il s'écroule sur le bas-côté, sans connaissance, gisant sur un tas de cailloux. En dépit des soins qui lui sont prodigués en urgence par le Docteur Dumas et ses assistants, piqûre de soutien cardiaque, masque à oxygène, un hélicoptère l'acheminant vers l'hôpital Sainte-Marthe, dans la vallée, il succombe à 17 h 30 d'un collapsus cardiaque.

Fi des polémiques qui s'ensuivirent selon lesquelles des erreurs de procédure médicale auraient été commises lors de la tentative de son sauvetage, Tom Simpson est mort. Et, en direct, quasiment, on sut la cause du drame : les amphétamines ingurgitées en quantité, de la métil-amphétamine – ils en ont de jolis noms ces adjuvants, plus évocateurs d'oiseaux mutants ou de fleurs adventices que d'une substance tueuse ingurgitée à foison.

Le désir éperdu de vaincre trouvait là l'expression de sa limite absolue. Moins tricheur que victime, pas une voix ne s'éleva pour incriminer l'Anglais charismatique, impulsif, qui aimait vivre vite, se délectant à tisser des exploits à la mesure de ses rêves fantaisistes. Il se posait en martyr de ceux de sa condition de champion qui avaient perdu le cap de la raison objective – une disposition minimum de préservation, qui permet de jauger l'impossible et de s'en détourner quand, par exception, il vient à poindre en course – dans l'existence !

La lâcheté est un sale défaut, une pâle lacune. Retroussée, en abnégation inconsidérée, elle en est un autre, qui tue. Nul à l'absurde n'est tenu. *Life is the limit!*

Simpson, chouchou de
la modeste presse cycliste
britannique à ses débuts
dans le grand bain en 1960.
(© *Sporting Cyclist*, 1960)

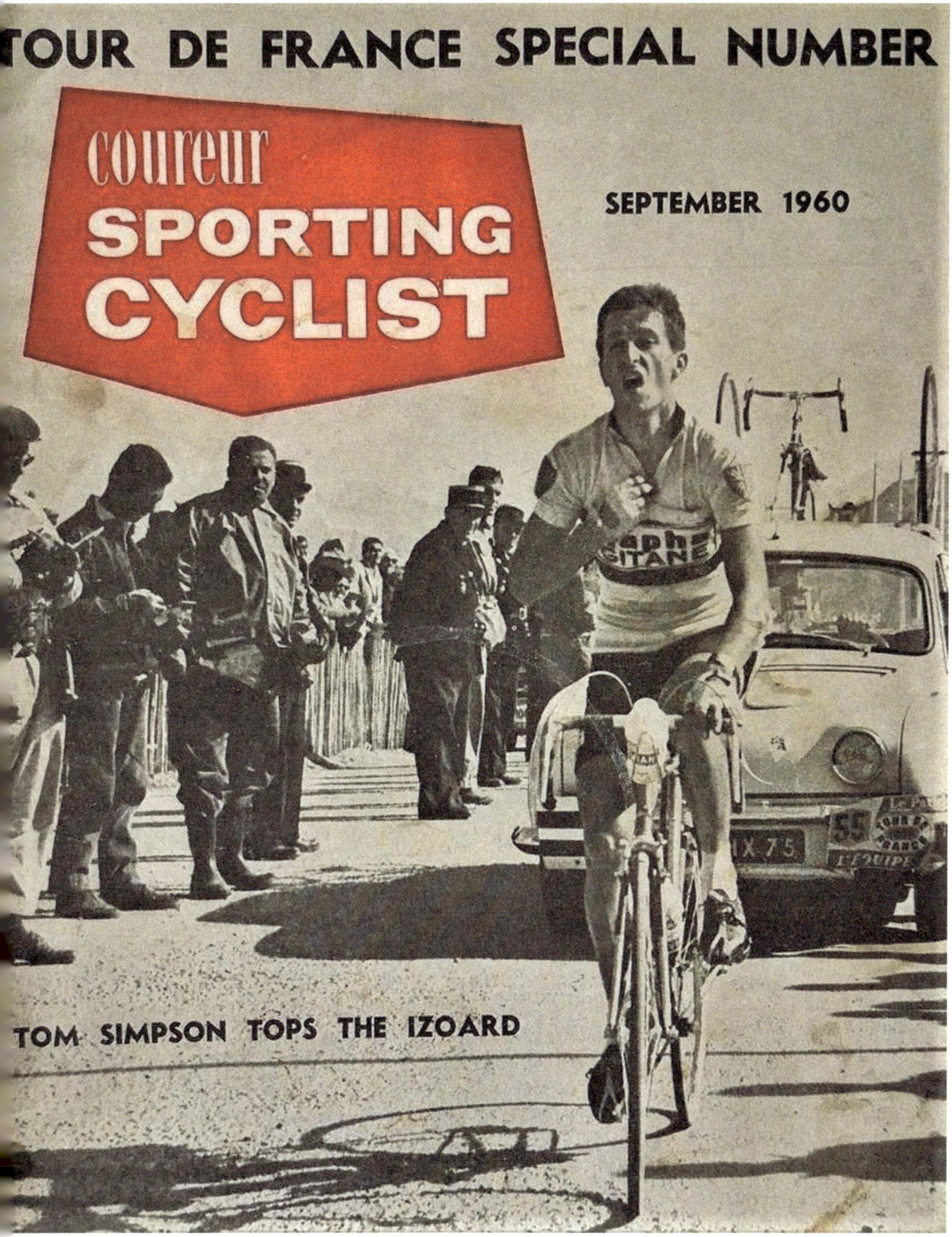
TOUR DE FRANCE SPECIAL NUMBER
coureur
SPORTING
CYCLIST
SEPTEMBER 1960
TOM SIMPSON TOPS THE IZOARD

ROGER - POPEYE - GODEAU
(1920-2000)

TOMBEAU POUR POPEYE (ÉCHO DU VÉL D'HIV)

Il alimentait en aphorismes borgnes de sa fabrication Audiard, son ami fidèle qui le visitait, il inspira Beckett pour sa pièce *En attendant Godot*. Auteur certifié d'une langue verte, Hugo de l'argot, roi du madison ou demi-fond à tombeau ouvert derrière motos, il en valait bien un – Tombeau. À sa manière, avec ses mots.

Zéro plus zéro égale la bouille à Godeau. Et comme en dessin, c'est pareil, c'est aussi, celle à Popeye. Boule à Z, casque à boudin, torse de soie, de loin déjà, on le voit. Prince des lattes, sous les acétylènes son maillot écarlate laisse une traîne, en dégradé qui luit, comme sous la pluie, l'enseigne Martini. Aux populaires, là-haut, les moins chères, un cave s'exclame : « Qu'est-ce qu'il envoie, comme un sourd. On dirait Carrara ou Chapatte de velours ! » De près, un mec le reprend, dans son dos : « Mais, non, gros lourd, y'a pas photo, c'est Godeau ! »

D'Antony, de Fresnes, de Denfert et de Paradis, de Championnet, du XVe, ils sont venus– la plèbe en gapettes – sans cravate ni smoking, loin du parterre, se mêler au standing. Ce soir, c'est Vél d'Hiv, c'est la fête à champion, l'oubli des misères, la fête aux lampions. Champagne-caviar, Postillon-sardines, ce soir ça gueule, ça turbine ! À tous les tarifs, ce soir, on dîne !

La sono geint, l'accordéon couine. Jusqu'à la verrière une voix grimpe, ample et belle, avec ce qu'il faut d'une plainte. « Tiens, se dit Godeau, c'est celle d'Édith. Entendre Piaf, quand même, ça se mérite. Ce soir, j'ai la patte, j'ai la teigne –dans 2 tours, au rital, j'lui colle une beigne ! » Du Vél d'Hiv au Madison « Square-Gardaine », la ricaine, le madison, c'est du pareil au même. Là-bas, aux US, sur un air de jazz, c'est son blaze. À deux, relais à la pogne, 50 pitons, sprint à 20 tours, envoyer les ripatons ! À toi, à moi, ça se joue en duo, ce soir à Nélaton, avec Senfftleben, Georges, Senff qui déboule à l'aise des falaises –Popeye sans Senff, au bas mot, c'est comme Milan sans Remo. Avant-hier à Anvers, c'était la Douce – Doucet, Daniel, un sucré de la bielle qui colle au train – patte de miel. Dimanche, à Bruxelles, ce sera Bareth, un ricain *ad hoc*, un as idem, made in Paris XIVe, qui s'est cloqué mine de

Boule à Z, maillot de soie, Roger Godeau dit Popeye. (© PresseSports)

rien, le Goulet-Fogler 1951. Et pendant la chasse, le temps glisse, c'est tout un monde en coulisses. Au micro, Georges Berretrot envoie, les graves au chaud : « Allô, allô ! Prime dans les 2 tours offertes par les papiers OCB–OCB, si vous les aimez bien roulées ! » « Bien roulée ? » se dit Godeau, braquant en un éclair ses chasses au parterre. « Ma parole, on dirait bien la môme Lolo. Voir ça, ça vaut bien une beigne, dans un tour, j'lui en colle une au spaghetti, j'le saigne. » Minuit l'heure des primes, la bouche au sang, ça vire au crime. « Messieurs les ritals, roulez les premiers. Si Senff les tient à la rupture, au relais, sur la Côte d'Azur, *j'les* aligne sans rature !... La cloche ! Y'a rien qui cloche. » Des populaires, là-haut, on entend : « Vas-y Popeye, t'auras un chapeau », « Qu'est-ce qui dit ce cave ? Rigole, fleur de nave. » Berretrot, au micro, suit le flot : « Popeye enroule, Popeye débaroule. Coup de front et d'épaule sur la ligne, c'est comme ça qu'il signe. En costaud. Bravo Godeau ! » « Merci OCB, j'lai bien roulée. Prime ! Envoyez tiroir-caisse, rangez les lames, bonsoir m'ssieurs-dames. » Et à la chaîne, chaque semaine, de Copenhague à Bruxelles, d'Anvers à Saint-Étienne, à la tienne, à la mienne, le Linart, le Sérès, le Jacquelin, à Popeye et à ses ricains, c'est leur Goncourt, leur Nobel – à la poudre de sprint.

Roger Godeau-Georges Senfftleben, une équipe reine du Vel d'Hiv. [© Collection privée]

Puis, y'a le fond, le demi, quand calé derrière le grillage du pacemaker, tu scotches à la piste – pacemaker, c'est de l'amerloque, en français, entraîneur-pilote –, quand tout piston ronflant, la moto t'emmène dans les 80, 90. « Clip-Clap-Clip-Clap » – ça s'appelle les papillons, ces engins-là. Et, derrière, sur son spade, le gus au chagrin, cuisses de fer cousues reins, c'est un stayer. Des mots d'hier. À deux, en centaure, attelé à Pasquier, Arthur, la poignée en coin, Popeye c'est son truc, sa danse du braquet, sa croisade contre le zef, vertige assuré. Qui, aujourd'hui, se souvient des Murphy, Paillard ou Letourneur, des rois du compteur, pas des enfants de chœur. Y'a des dingues à ce bin's. Des fêlés du record à la mort : Léon Vanderstuyft, la loco, 122,5 pistons dans l'heure, et envoyez la fumée, José Meiffret, à Fribourg, en 1962, à 200 derrière le capot d'une Merco. Un timbré ! Popeye que rien n'effraie, pas son style de narguer la camarde,

Immensément populaire en américaine, Godeau l'était autant en demi-fond dont il se fit une spécialité en fin de carrière dans les années soixante. (© Collection privée)

lui, c'est un scientifique, un méthodique. D'abord, envoyer la patte enroulée. Puis, une fois dans le velouté, entrer dans le moule, le zef aux épaules qui défile, faire monter le palpite, à la feuille s'accorder au clip-clap-clip. À partir de là, piloter, rester en ligne, planqué, le temps qu'ça passe, que l'autre se lasse. Alors, ça tourne, et ça saoule. Roule Raoul ! Lesueur, Lamboley, Queugnet, Lemoine les Frenchies, Verschuren le Flahute, Timoner l'Espingoin, une belle brochette de ce que le demi produisait de mieux. En géant du rictus, au concours de la grimace, Popeye n'était pas sale non plus. Puis, un jour, les motos se sont tues. C'est comme ça que meurt le demi-fond, quand les papillons ne battent plus du piston. Adieu Parc des Princes, Cipale, Saint-Denis, et Buffalo, tout part à l'eau. On avait de beaux dimanches à Nélaton. Paris était une fête, dixit Ernest. D'un coup, le silence se crée, on entendrait une mouche qui tomberait dans le whisky d'Hemingway.

Pas gêné du talbin, Popeye se recycla dans le bourrin, vers Bondoufle, où en 2000, un beau matin, à vélo, près de l'hippodrome, il partit du palpite, tranquille, à sa limite, un papillon au guidon.

Un agent passe : « Que faites-vous là, seul, sans vélo ? », « Rien, Monsieur, j'attends Godeau... »

le coq
sport

MICHEL AUDIARD *(GUEST)* (1920-1985)

SUR UN PLATEAU

Il est assez notoire qu'en cyclisme lorsqu'on se trouve limité pour s'y exprimer à la pédale, on en devise à la première occasion entre connaisseurs, rendu en héraut d'une cause perdue où s'entremêlent intacts les rêves et les aspirations refoulées. Au peloton des souvenirs et des expériences bâclées, la langue file sur un braquet tricoté au gré des libations, au coin du zinc, sur une nappe cirée, dans les coulisses du regret, des remords et de la chimère. Dans ce décorum, en militant du kilomètre revisité, en suppôt d'une tradition humide qui incite aux envolées, au lyrisme, chacun ose s'imaginer un monde où les champions, seuls protagonistes qui vaillent, écrivent l'histoire, où les traités continentaux portent des titres de ville à ville, où les conflits se résument à des affrontements de Classiques, où les empires se comptabilisent au nombre de triomphes accumulés sur les Tour, Giro et Vuelta. Qui aperçoit en Guimard, Napoléon le stratège, qui suppose sous les traits de Merckx un Bismarck, la dent en pointe, qui décèle en Van Looy, un tyran des sprints – un empereur, dit l'autre – mais à quoi bon pinailler puisqu'à tout coup, c'est la même chose. Au renfort de faits d'armes garantis, l'offensive se déploie, se renverse, s'annule puis repart du point zéro – Chauffez caquets, valsez pichets ! Aux stimuli de flammes rouges et de verres de la même couleur, la parole est un alcool qui saoule les souvenirs, qui dope ses tenants. On pourra toujours arguer que la vélocipédie – le cyclisme – fut inventée par commodité, en vérité, elle le fut pour les parleurs, ces impénitents athlètes du rappel en chaîne qui favorise les bons mots, les approximations magnifiques, les beaux mensonges supérieurs à la vérité. Cet exercice requiert d'être un peu marlou et très véloce quand, d'un trait d'esprit, il s'agit de se concilier à la fois les scientifiques pointilleux, les rieurs de toujours et les philosophes d'une heure. Puis, il y a ceux que cette pratique agace, navre, qui se gaussent de ces bavassiers infantiles, de ces immatures que le moindre palmarès excite, qui se taisent, qui méprisent. À ceux-là, les lapidaires silencieux, ces laconiques mal vissés, ces maldisants de l'intérieur, Michel Audiard destinait une formule qui avait de quoi les réfrigérer davantage encore : « Les gens qui n'aiment pas le vélo nous ennuient, même quand ils n'en parlent pas. »

Amoureux du cyclisme, très coq et pas très sportif, Michel Audiard. (© GettyImages)

Ce titi flingueur n'était pas né avec un dossard doré, qu'avait pas connu son papa, qu'avait pas connu sa maman, qui ne s'appelait pas

Armand, mais qui sut très vite que la vie était une classique orpheline, qui se court en solitaire avec son lot d'échappées, son peloton de soumis, sa part de largués d'un bout à l'autre. Et, comme il n'était pas révolutionnaire, en fonction de ces données, en bon conservateur le pif au vent, qui n'attendait pas un geste de la meute, il s'inventa son championnat de l'existence dont le cyclisme de compétition serait le schéma directeur. Dans le dur, il avait eu dix ans sous Georges Speicher, quinze sous Broccardo-Guimbretière au Vél d'Hiv, vingt sous Le Grévès ou Lapébie et l'Occupation. À dix comme à vingt ans, forcément, quand on est du populo, du XIVe de Paris, ces coureurs-là font délirer, qu'on rêve d'imiter. Le cyclisme c'est l'école normale du pauvre, ça vous ouvre des portes, comme un Pélissier, ça vous extirpe de la glèbe et vous expédie dans le Tout-Paris si la chance est au rendez-vous, si vous avez la patte pour ça. De la patte, le petit Michel en manquait, sur les lattes de la rue Nélaton à la va comme j'te pousse – André ! qu'il rencontre dans ces eaux-là –, il s'était frotté au concours de la Médaille. Mais ça n'avait pas fonctionné. Question médaille, il lui faudrait patienter pour en recevoir une, quand sa main, sa patte, exercée aux dialogues l'introniserait en virtuose d'un argot littéraire qu'aucun voyou ne parlât jamais. Dans cet art de faux monnayeur, du fabriqué livré pour vrai, il dominait en Fausto Coppi d'une langue cocasse au vitriol. À viser un palmarès, plus lui plaisait d'être retenu sur la gamme routière que sur les tablettes d'une quelconque académie officielle. Vacciné au rayon, en autodidacte affairé, il s'était formé à la littérature en lisant, jeune, Balzac, Verne, Leblanc, Leroux, Stendhal. Il s'était ému à la découverte d'*À la recherche du temps perdu* – qui n'a rien d'une confession d'un rouleur attardé à l'arrivée d'un contre-la-montre –, la saga subtile de Proust, Marcel, bien ignorant du Vél d'Hiv. Le Vél d'Hiv, c'était sa madeleine à Michel, sa pâtisserie langagière où il goûta ses premiers mots d'auteur servis sur

Fausto Coppi, l'un des maîtres à pédaler de notre dialoguiste. (© CP promotionnelle Pirelli)

un plateau, où les soigneurs s'auréolaient de drôles de diminutifs, Patte de Kirsch, Jambe de laine, et les stayers, les écureuils, pareils, Charles Lacquehay dit Jim la glu ou Longue carabine, Georges Wambst dit le Frelon, Amédée Fournier dit Médoche. Ces raccourcis-là, ça met facilement du Villon et du Carco à l'âme, ça formate pour les marges, pour l'équipée noire auprès de la fine fleur du Milieu dont pas mal étaient des démangés du pignon fixe. Fils de la laïque et du pavé, ayant servi enfant de chœur, le petit cycliste, tel que le surnomma Jean Gabin, savait évoluer dans l'entre-deux, puis il avait de l'ambition, ce réflexe de secours des démunis qui n'ont rien à perdre – un type qui a débuté sur un demi-course Génial-Lucifer ne peut jamais tout à fait retomber du côté des enfants du Bon Dieu. Par émulation, ce qui lui restait sur le cœur à pédaler, il l'écrirait à la même fréquence étourdissante que celle des écureuils de sa jeunesse, chantre d'un univers frelaté dont la voyoucratie du cyclisme d'alors constituait la réserve inspirante.

Jacques Anquetil, un autre des champions préféré du Dourdannais. (© *Sport Vedette*)

La sémantique, c'est comme l'art de grimper, ça se bosse en assidu, ça se mouline, ça s'affine jusqu'à ce que le grain s'efface, que la pente s'inverse en quelque sorte. Sur la bonne, Audiard d'un seul mot, célébrité oblige, se divertissait à tisser quelques répliques mémorables, dorénavant, qui fleuraient bon le vélodrome, le palmarès

Casquette, clope au bec, le mot sec, Audiard intrinsèque. [© GettyImages]

délectable, l'échappée belle. Maurice Biraud dans *Le Cave se rebiffe* [Gilles Grangier, 1961], faux-monnayeur, brandissant dans la lumière, un billet : « De l'extra-fin super piste. » ; Jean Gabin à Robert Dalban dans *Le Pacha* [Georges Lautner, 1968] : « Quand on mettra les cons sur orbite, t'auras pas fini de tourner. » Lointaine allusion aux chasses de la rue Nélaton. Puis dans *Rue des Prairies* [Denys de La Patellière, 1959], où Jean Gabin joue le rôle du père de Claude Brasseur récent champion de France sur piste, quand il s'esclaffe au nez d'un ignorant : « On causerait politique que tu te goures sur les étiquettes, mais le sport, c'est un truc propre quand tu compares les sprinters et les grimpeurs, les pistards et les routiers, tu mélanges un peu les pédales. » Ou bien encore, mimant sur une chaise renversée, un démarrage sur piste : « T'es aux balustrades dans le dernier virage, et c'est toi qui mène la bricole, et tu surveilles le mecton qu'est derrière... » Un véritable petit précis technique.

Du cyclisme à l'ancienne, Audiard le Dourdannais gardait la gâpette, l'apanage des escarpes et des coursiers de jadis, sa bâche fétiche, sa casquette à la Pélissier, en plus miché. Aux toiles de maître, il préférait les portraits tirés en couleurs d'un Van Steenbergen ou d'un Van Looy, des Flamands, nettement plus rapides au sprint qu'un Van Eyck ou que deux Breughel coalisés, l'ancien et le jeune – mais là, c'était du folklore. Entre le vélo et la bicyclette, il connaissait les nuances, le vélo, c'était la Rolls, l'engin de compétition, la bicyclette, celui du boulot, du chagrin d'antan : « À l'époque, la bicyclette, c'était pas mon violon d'Audiard mais mon gagne-pain. » À la pratique, un mot associé, quand il avait raccroché de la compétition, échaudé, il avait théorisé : « Les gens à l'âme sereine couraient moins vite que les fripons. » Heureusement que le cyclisme l'avait recalé en quelques tentatives, eut-il insisté pour rien, nous nous serions privés d'un des plus brillants dialoguistes de l'ampleur d'un Jeanson, d'un Prévert, traduit en palmarès, à l'envergure de celui de Coppi, d'Anquetil ou de Merckx.

D'après un roman de René Lefèvre (1955), *Rue des Prairies*, un film de Denys de la Patellière, en 1959, scénario et dialogues de Michel Audiard. (© Les films Ariane)

C'est pas parce qu'on est petit, nasillard et qu'on a peu à pédaler, qu'on n'a rien à dire !

BIC
BIC
BIC
BIC

LUIS OCAÑA
(1945-1994)
LE SOLEIL NOIR

Hautement combustible, à la fois la mèche, la charge et la flamme, en conquistador ombrageux, fragile et talentueux, ce sémillant Castillan aux prunelles d'anthracite, l'échine souple, le crin de jais, s'était hissé au rang des seigneurs de son temps, de l'un, entre tous, qui l'obsédait au-delà de la raison : Merckx. 6 lettres comme un défi et un cauchemar récurrent, 6 lettres pour un challenge qui s'étirait, dont il ne sortit jamais vainqueur en vis à vis sur le Tour – en 1969, 1971, 1972, abandon, en 1970, 31e, vainqueur en 1973, Merckx, absent. Cette obsession, finalement, qui dérivait au rendez-vous manqué, le façonna dans sa résolution éperdue à terrasser le Cannibale qui, lui créant de l'ombre, l'amenait dans la lumière. Selon cette donne partenaire, placée sous le signe de Némésis, déesse de la vengeance et de la juste colère, sa croisade se dessine.

Fils d'émigrés ayant fui la misère sous Franco, il est né en Espagne, à Priego, près de Tolède, écartelé entre deux cultures lorsque ses parents élisent domicile à Mont-de-Marsan en 1957, l'année de ses douze ans. Mâtiné d'une pointe hispanique, il pratiquait un français roulé de l'accent du Sud-Ouest, celui d'un cadet de Gascogne, sa région d'adoption, plus tard, lorsqu'en retraité des pelotons, il se sera établi dans le Gers. Il a découvert le cyclisme à l'adolescence, chez les juniors dans le club local d'Aire-sur-Adour, passé au Stade Montois, il se signale sur les grandes courses nationales, 2e du Grand Prix de France ; en 1965, vainqueur du Tour de la Bidassoa, en 1996, du Grand Prix des Nations amateurs en 1967. L'équipe professionnelle Fagor, l'ayant repéré, en 1968, il délaisse sa procédure pour obtenir la nationalité française, ses employeurs préférant qu'il garde l'espagnole à l'entame d'une ambigüité persistante qui poussera le public à le reconnaitre en « Espagnol de Mont-de-Marsan ».

Entrée réussie, en 1968, il est champion d'Espagne, pourvu de nombreuses places d'honneur, 3e du Grand Prix des Nations. En 1970, conséquemment à une collection de résultats éloquents, l'équipe Bic, à la recherche d'un leader de rechange en supplément de Jan Janssen, le recrute. Sorti de France par la petite porte, en 1968, il y était, en quelque sorte, revenu par la grande deux ans plus tard. Sous le maillot orange et blanc de la formation dirigée par Maurice De Muer,

Luis Ocaña : l'Espagnol de Mont-de-Marsan. (© PresseSports)

il s'adjuge le Tour d'Espagne. Un résultat qui gommait sa contre-performance sur le Tour où il avait assisté impuissant à la domination outrageante d'Eddy Merckx, son futur épouvantail, qui le taraudait déjà.
Au départ, sûr de ses capacités à pouvoir le défaire, à la presse, il avait déclaré : « Si j'ai la chance de conserver la remarquable condition physique m'ayant permis de gagner la Vuelta et les Six Provinces, entre Merckx et moi, ce sera la guerre. » Malmené, il l'achève à la 31e place. Dès ce cap, il ne va plus cesser de broyer du Merckx, en dormant, éveillé, obnubilé par le serment intime de lui faire rendre gorge un jour ou l'autre. Conditionné par son tempérament combustible, intuitif, trempé d'énergie et de courage, passionné, ultra volontaire, jusqu'à manquer de recul, poussé en cela à commettre des imprudences, il ne décroche plus de ce challenge osé. En 1970, le Cannibale dévore tout son passage, laissant des miettes à ses adversaires qui ont admis sa suprématie, tellement que, parfois, ils procurent l'impression de s'être couchés par avance. Cette attitude, d'ailleurs fausse, Ocaña, à prononcer « Ocagna », ne l'admet pas, qui continue à lui générer des abcès au sommeil. Dans ces songes agités, il identifie des Molteni en pagaille, qui le narguent, et son leader à l'arrache, qui s'enfuit, au loin. Tous derrière, et lui, devant. À la pointe du combat, le leader de Bic en appellerait, volontiers, à la coalition, mais elle tarde. D'ailleurs, si elle existait serait-elle efficace ? Nourrissant le dessein d'une carrière exhaustive à l'issue de laquelle il n'aurait rien à regretter, sublimée de la beauté du geste qu'il savait caresser, un cran, à la hausse, en 1971, il se missionne pour défaire le Cannibale. Le boulet passa si près que celui-ci en avait tremblé. Premier round, le 8 juillet, en direction d'Orcières Merlette, Merckx relégué à plus de 8 minutes, Ocaña crée le break, il se pare de jaune. Détenteur d'une revanche partielle, il savoure. Dans *L'Équipe*, Roger Bastide, son laudateur coutumier, s'émerveille : « Il est penché sur le guidon avec application, le dos arrondi mais les jambes nerveuses enroulent souplement une démultiplication raisonnable. Les autres ont peine à suivre. Ils doivent, de temps à

Déjà révélé au plus haut niveau, notre impétueux termine ses classes chez Fagor en 1969. (© Zie -1969)

autre, se dresser sur leurs pédales et s'arracher d'un coup de rein plus énergique pour revenir dans le sillage de l'Espagnol. » 2e round vers Marseille, 48 heures plus tard, le 10 juillet : le départ à peine donné, Merckx attaque à la faveur d'une descente. Dans la cité phocéenne, il reprend 1 min 56 sec au général. L'alerte a été chaude. Piqué dans son orgueil, s'étant trouvé méprisé, Ocaña tempête : « Eddy n'a pas été régulier. Il a fait démarrer Wagtmans avant même que le directeur de course ait levé son fanion. Et lui-même a foncé en profitant de la confusion provoquée par la chute de Zubero après 3 km de descente. J'ai été pris dans cette cassure car je me trouvais en queue de peloton. J'avais été retenu jusqu'à la dernière seconde par un radioreporter qui m'interviewait. » 3e round en forme d'un KO, le 12 juillet, vers Luchon : une étape d'épouvante au bas mot. Des rideaux de pluie obscurcissent la vision, des grêlons crépitent sur la chaussée noyée, et même impraticable. Dans la descente du col de Menté, Fuente a volé par-dessus un parapet. Parti à négocier un virage resserré, Merckx à la mort pour semer Ocaña à ses basques, vire difficilement, passé d'un rien. À sa poursuite, Ocaña glisse dur le bas côté pierreux, tôt percuté avec une rare violence par Zoetemelk dans l'impossibilité de freiner. Dans *L'Équipe*, Pierre Chany dépeint la panique : « Des suiveurs se précipitèrent dans une atmosphère de cataclysme, l'un d'eux hurlant que la montagne allait s'effondrer. Mais avant même

Au début de sa légende glorieuse et contrariée, Ocaña stimule la plume de François Terbeen en 1972. (© Calmann Lévy – 1972)

que les premiers sauveteurs fussent parvenus auprès du maillot jaune gisant, débouchaient en pleine vitesse et Agostinho, et Thévenet, et Martinez, qui butèrent tous trois contre Ocaña, voltigèrent à leur tour et s'écrasèrent un peu plus bas. » Ocaña évanoui, gisant sur un lit de caillasses, est évacué en hélicoptère vers l'hôpital de Saint-Gaudens. Le lendemain, reconnaissant envers son désastre, Merckx, leader de fait, décline de porter le maillot jaune. Dans sa flamboyante chronique de *L'Équipe*, afférant à cet événement qui a jeté le trouble, Antoine Blondin rend les honneurs au martyr du col de Menté : « Luis Ocaña n'était peut-être pas intrinsèquement le meilleur de la course, mais il en était le soleil. »

Le dos arrondi, les coudes à peine écartés, en ligne : le grand style Ocaña. (© CP promotionnelle Bic, 1971)

Souvent guignard, par intempérance ou par précipitation, à cette heure maudite entre toutes, même laminé, le Castillan s'intronisait en tombeur prévisible du Cannibale, à dévorer cru, sous peu, à belles dents, d'un appétit équivalent au sien. Il avait prouvé ses capacités à sortir de son ombre, et même à le fondre dans la sienne. Mieux valait qu'il en soit ainsi, à rester dans son onde à tout crin, il avait récolté la plus sévère sanction de sa carrière. Le 8 juillet, le maillot jaune lui était entré dans la peau, il estimait qu'il lui reviendrait à nouveau, pour de bon, cette fois – mais, en ayant vaincu Merckx, expressément ! Sa lubie de le contenir, de le restreindre, de l'anéantir avait repris de plus belle. Il avait nommé son chien, Merckx, se plaisant à lui répéter haut et fort : « Au pied ! » Plus tard, se remémorant ces passes de haute vindicte, il assumera cet aveu cocasse : « Quand je faisais l'amour, je m'obligeais à penser à Merckx pour me déchaîner. » À ce paroxysme, averti de cette monomanie, Pellos s'étant emparé de sa mine aurait très bien pu le croquer sur un théâtre d'ombres où en bretteur affolé, il aurait invectivé un Merckx multiple surgi de la cour, du jardin, des cintres, du trou du souffleur.

Merckx, sa hantise et son double associé à l'instar de Sganarelle et Scapin, de Don Quichotte et Sancho Panza, de Narcisse et Goldmund, de ces inaliénables duos antagoniques dont la lumière de l'un n'éclaire qu'en présence de l'autre. En fin de saison 1971, Ocaña se veut assagi, dans *Miroir du Cyclisme*, en décembre, à Claude Parmentier, il confesse : « Après ma chute, j'ai subi une sévère crise morale. [...] Une autre course, on peut toujours la regagner, mais le Tour, c'est autre chose. » En quelques mots, il consent à invoquer Merckx, fier, par sa bravoure du Tour 1971, d'avoir déverrouillé les mentalités au sein du peloton moins enclines à se plier.

Pour une déconvenue supplémentaire, le sociétaire de Bic s'était présenté au départ de celui de 1972, riche d'ambitions, afin d'honorer un duel avec son contradicteur astiqué dans la presse. Hélas, à l'amorce d'un bras de fer, il chuta dans la descente de l'Aubisque, acculé à se retirer à Aix-les-Bains. Puis vint l'édition de 1973, courue sans Merckx, qu'il remporta de haute lignée ayant maté dans l'ordre sur le podium Bernard Thévenet, José Manuel Fuente. Même à son apothéose, au tréfonds de lui-même, un soupçon d'inachevé devait affleurer dont l'absence de Merckx était la cause. En 1974, il aurait put être exaucé, le Belge en or était revenu, mais cette année-là, c'est lui qui était absent. Las de ses incartades, de ses déclarations tapageuses, et, finalement, de ses manques réitérés, les dirigeants de Bic décidèrent de se retirer des compétitions.

Le duel sur le Tour entre les deux hommes ne se reproduit plus, le Castillan courant à son déclin à partir de 1975.

En 1994, alors atteint d'un mal irréversible, se sachant condamné, il précède l'échéance en se donnant la mort. Sa fièvre d'exister en pleine possession de ses moyens l'aura emporté. Il n'était pas né pour figurer, pour repasser les plats dans l'indifférence, trop attaché au principe qu'un homme ne vaut que par sa volonté de se hausser dans la lumière. Et encore, pas de n'importe quelle façon.

Aux orgueilleux exaucés, le défaut convient. Accordons aux excès leur place. Ocaña s'y employa – « Orage, au désespoir ! » – À trop fixer le soleil, il vire au noir.

BROOKLYN
CHEWING GUM
BROOKLYN
BNP
BNP

ROGER DE VLAEMINCK

LE FLAMAND ENFLAMMÉ

À l'origine, Éric, son frère, lui ouvrit la voie, celui-ci professionnel en 1965, champion du monde de cyclo-cross à 7 reprises jusqu'à 1973, vainqueur d'une étape du Tour de France en 1968, il s'illustra sur les Classiques à l'horizon de 1970. De pair, Éric et Roger De Vlaeminck agencent une fratrie contrastée comme il y en eut pléthore dans le cyclisme, qui incline à la comparaison. L'un à la marge, l'autre pas, Éric, adepte précoce du dopage, qui, par intermittence, naufrage dans la folie, l'autre qui s'assume, portant haut la flamberge du nom et du cyclisme flamand. Tous deux fils de la drache, l'une de ces averses raides et froides qui strie le paysage des monts et graisse le pavé, ils sont nés à Eeklo, une bourgade néerlandophone de la Flandre Occidentale où le drapeau du lion noir sur fond jaune flottant aux fronts des édifices indique la provenance du grain mais aussi, nettement, la préférence territoriale linguistique. Du reste, dédaignant l'effort de pratiquer une autre langue, par *flandritude*, les frères persévèreront à s'exprimer dans la leur. À Eeklo, les autochtones ont tendance à les regarder en marginaux. Pauvres, ils leur collent une ascendance gitane. Dans les faits, leur mère est issue d'une famille de marchands forains. Au fil de sa célébrité, Roger sera baptisé le Gitan d'Eeklo. Son faciès ténébreux, et pourtant angélique, son caractère frit aideront à goupiller cette identité surfaite.

À quatorze ans, un bagage scolaire vide, il s'achemine vers l'usine, de l'une de textile où les journées trop longues, il ronge son frein. Là, il coudoie un certain Johan De Muynck, professionnel chez Flandria-Mars en 1971, son futur co équipier chez Brooklyn à partir de 1974. Cependant, afin d'éviter la chaîne en quelque sorte, négligeant le vélo, il opte pour le ballon rond, l'ascenseur social par excellence dans un pays où le football domine à parité avec le cyclisme. Déjà, dans la catégorie des jeunes, son frère excelle sur route et en cyclo-cross. Provoqué par un camarade qui l'incite pour une course improvisée de 50 km, sur une bécane usagée de course que lui a cédée Eric, il relève le défi. 4e sur 8, le résultat l'encourage à continuer. À sa 2e, il est battu par Jean-Pierre Monséré, prochain champion du monde professionnel, en 1970, l'ami, le copain, son autre frère par proximité affective et locale. Monséré, natif de Roulers, non loin d'Eeklo décèdera sous ses yeux, dans des conditions dramatiques, lors d'un critérium le 15 mars 1971. En 1964, il gagne sa première course. 500 francs de prix encaissés, il mesure

Roger De Vlaeminck, quatre fois vainqueur de Paris-Roubaix en 1972, 1974, 1975 et 1977 sous le maillot Brooklyn. (© PresseSports)

qu'à force de victoires dotées, il pourrait s'extraire de sa condition. L'exemple d'Éric lui sert de stimulant psychologique ! Livré à son instinct de gagneur, il étoffe son palmarès chez les amateurs, la plupart de ses succès acquis en solitaire. En 1964, un concurrent lui propose le double du prix s'il le laisse l'emporter. Après refus, non content de l'avoir réglé au sprint, dès la ligne franchie il lui expédie un uppercut en application de sa nature intègre et impétueuse. Qui n'ira qu'en se confirmant. En 1964, en Belgique, classés chez les terreurs, les De Vlaeminck cumulent 20 victoires dont 18 pour l'aîné. À présent, à Eeklo, on a fini de les stigmatiser, non seulement, ils collaborent à sa renommée mais ils incarnent l'espoir d'une relève sur les traces de Van Looy à l'échelon supérieur – Éric tout spécialement à cette heure. En 1968, Roger explose à la une : champion de Belgique et du monde de cyclo-cross, vainqueur du Tour de Belgique, de la Flèche wallonne, sous le maillot de la sélection belge, aux J.O. de Mexico, il achève à la 18e place l'épreuve sur route. À nouveau champion de Belgique de cyclo-cross, vice-champion du monde, en 1969, il franchit le Rubicon, signe chez Flandria-De Clerck. Le royaume, alors, n'a d'yeux que pour Eddy Merckx, le Cannibale, qui éclipse en Europe la concurrence : un condensé de Coppi, d'Anquetil, et des meilleurs pionniers, un ogre à la pédale, une mécanique infernale, un génie ! Ceint de son maillot rouge à large bande blanche et lettres noires, Roger qui a rejoint son frère chez Flandria escompte bien contrarier cette exclusivité.

Grimper les monts assis, le secret d'un Tour des Flandres réussi, ici en 1978, qu'il avait remporté un an auparavant. (© DR)

Or, il n'y a pas que ce gêneur qui puisse entamer son ambition en une ère où le cyclisme d'outre-quiévrain d'une exceptionnelle vitalité compte Walter Godefroot, Frans Verbeeck, Herman Van Springel, EricLeman et bientôt, Marc Demeyer ou Freddy Maertens, etc. À domicile, dans les flandriennes ou les wallonnes, ces quelques-uns notoires sont assez intouchables. Toutefois, l'aîné des De Vlaeminck, Éric, s'est d'ores et déjà immiscé dans le concert, 2e de la Flèche wallonne, 3e de Gand-Wevelgem en 1969, une bonne raison

En casse-cou, aussi à l'aise dans les sous-bois que sur les pavés. (© CP publicitaire)

pour que son cadet ne conçoive aucun complexe à cet échelon. D'ailleurs en conçut-il jamais un ? En 1969, pour sa première année chez les pros, Roger s'est adjugé le Het Volk, 2e de Milan-San-Remo et de Gand-Wevelgem. Outre sa puissance, sa rage d'exercer, il a prouvé un sens tactique inné à l'égal de celui d'un vieux briscard madré. Au plus fort de la bagarre, à sa manière de s'allonger sur le cadre, les bras à l'équerre, la jambe qui tombe à l'aplomb, il impressionne. Lors de Liège-Bastogne-Liège, les deux frères se retrouvent à l'avant pour la gagne, où Éric au secours de Roger va jouer un sale coup à l'encontre d'Eddy Merckx à l'entrée du tunnel du vélodrome de Rocourt : un coup concerté puisqu'à l'instant où le cadet bloque la percée d'Eddy Merckx, l'aîné porte une attaque garante de la victoire. À l'arrivée, Merckx fulmine. De cet incident volontaire naît l'antagonisme entre les deux hommes qui se développera sur les Classiques, De Vlaeminck impuissant sur les courses au long cours à maitriser son challenger – néanmoins, il s'allouera 3 fois le classement par points du Giro (1972, 1974 et 1975). De s'être construit au miroir de son aîné Éric, il s'élèvera en cultivant sa rivalité avec Merckx à la manière d'un Ocaña sur le Tour. Et qu'on ne vint pas lui dire qu'il n'y avait pas étincelé ! En décembre 1984, dans Miroir du cyclisme, il se dédouanait ainsi : « Il faut consentir trop de sacrifices pour gagner une course pareille. Tant pis s'il en est pour considérer que je ne suis pas à ranger parmi les grands coureurs si je n'y ai pas brillé. J'en connais qui ont brillé partout et qui sont dans un état de santé morale et physique peu enviable. J'ai eu trente-sept ans au mois d'août, et je pourrai encore en le désirant vraiment, terminer dans les 5 premiers du Tour ou du Giro. » Il n'avait rien perdu de sa superbe vengeresse qui permet à ce détour d'établir un parallèle entre Ocaña et lui ; après tout les Flandres furent sous occupation espagnole, et peut-être dans les gênes du Gitan subsistent-ils quelques empreintes d'une filiation hispanique ; l'Espagne, patrie de l'orgueil solaire à son zénith. L'un et l'autre annonçaient toujours la couleur, également obnubilés par l'impénitent Brabançon qui, les estimant, ne se déroba jamais, l'un et l'autre n'en terminaient plus de se scénariser en fonction de ses pics ou de ses creux – rares. Ce que l'Espagnol était à même d'infliger à Merckx sur les pentes, le Flamand se le réservait sur les monts, les Capi, les pavés, dans les Flandres, en Lombardie, dans le Nord, sur Paris-Roubaix – à la fin de sa carrière, il sera l'un des 3 avec Van Looy et Merckx à avoir cumulé les 5 monuments des Classiques.

Doué d'une capacité d'intimidation rare, sur Paris-Roubaix dont la vocation est d'éprouver à parité par la violence et la résistance l'homme et la machine, Roger De Vlaeminck accomplit des merveilles –4 victoires (1972, 1974, 1975 et 1977), co-recordman ex-æquo avec Tom Boonen : une égalisation qui ne fit pas que lui procurer du plaisir, rapide à démonter que les conditions s'étant à son goût améliorées, l'accession de son compatriote en 2012 demeurait relative – du tac au tac, le Gitan intact !

Dans ses défis lancés à Merckx, l'édition de 1975 reste l'une des plus manifestes. Disputée dans des conditions peu favorables à notre opposant entêté, elle va se solder par un affrontement entre 4 hommes sur l'anneau de la cité textile : nos 2 protagonistes-rois plus André Dierickx et Marc Demeyer. Retour sur une journée périlleuse : il a plu, le ciel est gris, les pavés glissants, certaines zones réduites à l'état d'un marécage. Dans son maillot arc-en-ciel, le grand Merckx fait figure d'intouchable. Après le secteur de Neuvilly une chute générale a clairement scindé deux groupes, dont l'un avec De Vlaeminck dans lequel Merckx veille, qui vient à crever et qui revient dans son style ravageur des grands jours. Un avertissement pour le Gitan qui file dans les roues. Lorsque Merckx attaque à proximité du vélodrome, De Vlaeminck, *a priori* affligé d'un début de bronchite, bondit dans sa roue, son anti-merckxisme viscéral lui servant à cet extrême de poumon de secours. Dans le dernier virage sur la piste, Merckx emmène le sprint à toute lancée pour asphyxier son adversaire crucial, idéalement placé dans son aspiration, qui déboite et le coiffe dans les 50 derniers mètres – coup de mètres, coup de maître ! Dans son maillot Brooklyn, le Gitan exulte. En 1972, il a devancé André Dierickx, en 1974, Francesco Moser, en 1977 ce sera Willy Teirlinck.

À l'estime substantielle de Francis Pélissier, jadis : « Dis moi qui tu as vaincu, je te dirais ce que vaut ta victoire », il s'en tirait haut la main. Sans doute, cette course présentant de nombreux points communs avec le cyclo-cross par les aspérités du parcours, l'avantageait-elle, encore fallait-il posséder la résistance et l'abnégation nécessaire pour terminer détaché, ce qui advint à chaque fois, excepté en 1975. Pour son adaptation à ce ruban homérique, le plus bel hommage lui vint de Merckx *:* « Je n'ai jamais vu ça, sur les pavés, il volait. »

Avec cinq victoires au total, Roger De Vlaeminck, Monsieur Paris-Roubaix. (© *Cyclisme Magazine*)

Pour autant, le Gitan ne décolérait pas, chevillé en toute occurrence à le déboulonner. En ce sens, le Tour de Lombardie 1972 demeure l'exemple flagrant de ce permanent état insurrectionnel. Seul à pouvoir s'accrocher, il était resté dans la roue du Cannibale quand survint l'escalade de la Madonna del Ghisallo. Debout puis assis, relançant le braquet sans cesse pour rester au contact, petit à petit, il se désunit, perd 1 mètre, 2, 10, et plus, le trou est fait. Il ne reviendra plus, il le sait. Renfrogné, la lippe mauvaise, soudain, contre toute prévision, il ralentit, effectue un demi-tour et repart dans le sens de la descente pour gagner les douches à Côme. Il était exclu que terrassé en tête à tête par son compatriote ailé, il finit 2e dans ces conditions. Ce jour l'on vit qui était vraiment ce De Vlaeminck qui, puni par un Dieu, s'était montré réfractaire en diable.

Avec 507 victoires au compteur, il raccrocha en 1984.

Si effectivement, ainsi que le proclame Alphonse Karr, journaliste, écrivain, pourvoyeur de bons mots acerbes, « la vanité est l'écume de l'orgueil », alors De Vlaeminck ne se sera pas privé, par réciprocité, d'opérer sur les deux fronts. Qui oserait, à Monsieur Paris-Roubaix, jeter le premier pavé ?

le coq sportif

FREDDY MAERTENS

F. LE GENTIL, M. LE MAUDIT

Dans le port de Nieuport où par-dessus la rumeur du large, le vent s'ourle d'une plainte lancinante, tourne encore la lamentation diffuse de Freddy Maertens qui vit le jour dans cette bourgade côtière de Flandre occidentale, qui y revint peu, alors qu'usé et plein de déraison, il s'en fut à Audenarde pour méditer sur sa carrière dynamitée à force de revers variés. En gardien d'un musée du cyclisme, dans cette solitude, il pouvait ratisser son odyssée erratique qui l'avait mené de la gloire sportive à la déchéance sociale et morale.

Ses oreilles en empennage, son menton en galoche, son regard flou où fraye un rien d'égarement et de stupéfaction lui donnent quelque chose de l'Averell des Dalton, d'un flingueur attitré, si explosif qu'à son zénith en vue de la banderole, ceint de son maillot rouge de la Flandria, il n'avait qu'à déboiter pour lever les deux bras en signe du V de la victoire, 142 au total : champion du monde à 2 reprises (1976, 1981), vainqueur de la Vuelta (1977), 3 fois maillot vert du Tour de France (1976, 1978, 1981), vainqueur de 15 étapes, de 7 sur le Giro, de 13 sur la Vuelta.

Âgé de 21 ans, Freddy le gentil, trop, a débarqué dans l'élite, serein, toujours un peu ébaubi des bonheurs enchaînés qui lui arrivent, tout animé d'enthousiasme et de fureur qu'une évidente candeur tempérait. À l'instar d'un Pélissier, il avait eu à ferrailler avec un père omnipotent, d'une intraitable vigilance, qui l'épiait au millimètre jusqu'au harcèlement – un jour, l'ayant pris sur le fait, une fille dans les bras, illico, en représailles, il scia le cadre de son vélo en deux. De cette férule perpétuelle, Freddy le bon ne gardait aucun stigmate extérieur, sinon, peut-être une fêlure rentrée, nid de sa déficience. Pour l'instant tout va bien, en 1973, les Quatre Jours de Dunkerque raflés, il se signale par des podiums sur les Classiques belges, qu'il n'imprimera pas à son palmarès, exceptées Gand-Wewelgem en 1975 et le Het Volk en 1978. En pleine dictature merckxciste, le poulain de Guillaume Driessens, le mentor de Rik Van Looy, naguère, s'exprime sous sa visée, encore qu'à ce point, il aurait préféré signer dans une équipe Italienne, SCIC-Colnago, comme ça lui avait été proposé lors de son passage mais, une fois de plus, son père était intervenu arguant de retombées commerciales favorables à sa concession de cycles s'il rejoignait cette équipe belge. Bon fils, Freddy a cédé,

Le sourire passé, chez Freddy Maertens la mélancolie n'était jamais loin. (© PresseSports)

reconnaissant mordicus envers trois figures paternelles tutélaires à son chevet, son père, Briek Schotte, Guillaume Driessens, celui-ci opérant à torpiller Merckx qu'il tient dans sa mire par son entremise.

Sélectionné dans l'équipe nationale pour les championnats du monde 1973 à Montjuïc, en Espagne pour un jour, il se doit d'être à la dévotion du Cannibale. Entre celui-ci et le néo-pro, une controverse qui ne se soldera qu'en 2007 va flamber. À 2 tours de l'arrivée, Merckx a attaqué, bientôt contré par Maertens qui ramène un groupe où figure, notamment, Felice Gimondi qui, profitant du désordre entre les deux nationaux, l'emporte. Même si Freddy se défend d'avoir voulu enterrer son leader, jurant n'avoir visé que le doublé derrière lui, celui-ci s'offusque. Puis, Freddy, à son tour, accuse Merckx de l'avoir spolié de la victoire : Merckx, rouge de colère pour cette trahison estimée, Maertens, vert pour ses espérances sapées, aux deux, par déficit de complémentaires, l'arc-en-ciel avait échappé. À cause de ce malentendu, sa carrière durant, malgré ses mises au point en forme d'indiscutables succès, Maertens traînera dans son onde la réputation erronée d'un arriviste, prétentieux, incapable de se soumettre à une hiérarchie, à la solde exclusive de ses lubies. Celui qu'en 1972, encore, la Belgique regardait en « cannibale des amateurs », s'était attaché à son insu une pierre autour du cou. Or, s'il n'avait qu'un seul défaut, ce n'était pas celui d'être fourbe, mais, plutôt, celui d'être vulnérable – si c'en est un –, d'une intempérance proportionnelle à son déboulé. Menacé sur son flanc par Merckx au sein de son équipe Flandria, une rivalité frontale se fait jour avec le très percutant Walter Godefroot. Au moins peut-il y compter sur l'appui de Michel Pollentier et de Marc Demeyer, les trois ensemble

Donné pour presque invincible, le gant se retourna… (© *Miroir du Cyclisme*, 1977)

nommés les Mousquetaires. En 1974, aux Championnats du monde de Montréal, la polémique se ravive lorsqu'à l'arrivée, Freddy assure qu'un produit a été glissé dans une bouteille que Gust Naessens, le soigneur de Merckx, lui a tendue alors qu'il était en tête de la course. Quel que soit le bien fondé de cette allégation, un fait est patent, bientôt, Maertens s'essouffle, contraint à l'abandon, tandis que Merckx l'emporte. Faut-il donc accréditer la thèse citée dans de nombreuses archives selon laquelle l'entourage du Cannibale aurait influé ? Merckx était un seigneur, ce n'étaient pas de ses manières. Dont acte. Soyons flous, restons vagues. Merckx sur le déclin, à partir de 1976, Maertens voit se dresser sur sa route d'autres challengers en une époque prospère du cyclisme belge dont, parmi ceux-ci, Roger De Vlaeminck.

Néo-pro en 1973, il avait franchi le Rubicon en 1972. (© CP promotionnelle - Flandria Carpenter, 1973)

Bien qu'entre eux, ce fut plutôt une collusion qui soit retenue, survenue lors du Tour des Flandres 1977 : Freddy l'insensé, mis hors course pour avoir été dépanné d'une roue par un spectateur dans un mont, continue à rouler d'une façon éhontée pour le compte du Gitan, sociétaire de l'équipe Brooklyn. La ligne franchie, la rumeur circule que De Vlaeminck, vainqueur, aurait alors promis en échange de ce dévouement une somme rondelette à son allié ponctuel ; ce qu'il nie, ce que le bénéficiaire, Maertens, persiste à maintenir. L'affaire ne sera jamais élucidée. Cette année 1977, en dépit de sa domination sans appel – il s'attribue le Super Prestige Pernod – se trouve contrastée par au moins trois contrôles positifs aux amphétamines et autres substances. D'ores et déjà, répertorié chez les bizarres, en juillet, numéro 1 mondial, il se livre à une exhibition sur l'hippodrome d'Amiens contre le meilleur trotteur du moment Fakir du vivier drivé par Pierre-Désiré Allaire, à la fin, c'est le cheval qui l'emporte – de quelques dixies. En 1978, l'équipe Flandria chancelle, en 1979, notre exalté qui défia la bête éprouve toutes les peines du monde à être payé. L'argent qui coulait à plein s'étrangle au robinet à l'amorce d'une faillite qui se profile en douce. Pendant deux saisons chez Boule d'or, la mal nommée en la circonstance, Freddy disparaît des radars. De retour en 1981, contre tous pronostics, à sa façon d'épouser les courbes d'un grand instable, il réitère une saison au top, champion du monde sur route à Prague, maillot vert du Tour ; l'ultime à ce niveau. À cette occasion comme sous l'emprise d'une paranoïa larvée, dans la presse il avait eu des mots très durs envers ceux qu'il nommait « ils », qui l'avaient méprisé et qu'il méprisait. En prenant de la bouteille dans tous les sens du terme, Freddy le gentil s'est perdu, laissant désormais la place à M. le maudit. Gourmand de champagne pour célébrer les victoires, puis pour le plaisir, il se chuchote qu'il en abuse. Pour oublier ? Que ses placements financiers battent de l'aile, que ses comptes se vident, ses avoirs pillés par de mauvais conseilleurs qui ont exploité sa crédulité. C'est en effet de ce côté qu'il faut chercher les motifs de sa chute d'auprès du soleil – voilé – où il s'était installé. De 1983 à 1987, il n'en termine plus de s'humilier au sein de formations hasardeuses qui tirent leur publicité de sa présence sous leurs couleurs. Lors de cet hallali étalé sur 5 saisons, une fois mémorable, au sein du peloton, il s'illustre en mimant de téléphoner à sa femme. Très sérieusement ! Autour de lui, les coureurs s'esclaffent, s'étonnent, s'interrogent. Dans le rétroviseur, l'intéressé prétendra que c'était une plaisanterie pour tuer l'ennui tandis que la moyenne végétait, pourtant, il semble bien qu'à ce cap, sa raison fut entamée. Dans ce challenge effréné, sans issue, à la consonance psychiatrique, M. le Maudit en vient à justifier sa saga empoisonnée. En 1986, il tient ces propos délirants : « Des gens qui me voulaient du mal ont dit des messes noires contre moi. J'en ai beaucoup souffert. Mais j'ai rencontré deux personnes qui m'ont exorcisé. Désormais, je suis débarrassé du diable et je puis, à nouveau, songer à gagner des courses. » Ainsi, presque, corroborait-il cette déclaration louche qu'il avait faite en 1978 à Claude Parmentier pour *Le Miroir du cyclisme* :

Au coude à coude avec Eddy Merckx sur Paris-Nice 1977 qu'il remporta. (© Fiche Collection - éditions Rencontre - 1977)

« Je suis professionnel et majeur. Si je veux me détruire, au fond cela ne regarde que moi. On n'empêche pas les routiers de rouler sous prétexte qu'ils peuvent avoir un accident mortel. J'exagère, bien sûr, parce que le sport est une vertu morale mais la morale veut aussi qu'on puisse se soigner quand cela est nécessaire... » Eut-il fallu, encore, qu'il précisât ce que « se soigner » recouvrait à son entendement. Depuis, cette ambigüité, qui n'en était déjà plus une, a été levée. L'ultra champion décadent éreinté, un beau jour de 1987 remise son vélo au moment d'assumer le bilan plus que mitigé de son bain prolongé dans le cyclisme professionnel qu'il honora, malgré tout, à sa façon fantaisiste.

De quoi, Freddy le gentil aura-t-il souffert qui le changea en M. le Maudit ? De n'avoir pas coupé le cordon, celui paternel et de ceux qui lui ressemblaient et qui l'abusèrent ou parce que viscéralement crédule, dépourvu de la moindre once de vice en lui, il se berça d'illusions, et dès lors immature par fatalité à ses dépens ? À moins que par cécité, s'étant aveuglé, par confort – et inconsistance –, il ne voulut jamais porter son regard sur les lendemains. Et, peut-être, pour lui, encore, à raisonner cette morale de La Fontaine dans sa fable, *Le Renard et le Bouc* : « En toute chose il faut considérer la fin. »

Freddy qui sourit, M qui se maudit !

BERNARD HINAULT

UN POING, C'EST TOUT

« C'est de la pierre, c'est un pic, c'est un roc, que dis-je, c'est un roc, c'est du granit ! » Rostand, à la rescousse, voici comment censément d'une paraphrase, il est loisible de cerner la nature de Bernard Hinault. En effet, de laquelle retournait-il sinon de celle de ce minéral brut, moins façonné à l'instar du commun des mammifères qu'en un Titan de légende taillé dans le bloc d'une falaise, celte, ça va de soi, auquel on insuffla l'orage en guise d'un caractère ravageur. Si, communément, pour nous les rendre accessibles, à ces géants les curriculums accordent des origines ordinaires, il faudrait avaliser qu'il soit né à Yffiniac en 1954, dans les Côtes d'Armor. Dans les faits, il descend d'une fabrique mystérieuse de laquelle 3 ou 4 fois par siècle nous sont envoyés de rares spécimens de son espèce pédalante– Coppi, Anquetil, Merckx – de ces modèles pétris du don absolu que l'on nomme la perfection. Tel qu'à Coppi, aérien et fragile, revient la magie, à Anquetil, par sa position idéale, la beauté du style, à Merckx, par sa façon de rouler des épaules sous le vent, la puissance intégrale, à Hinault correspond l'esprit du défi incarné, la coudée franche de ceux qu'aucune adversité n'effraie. Et qui se payait de mots pour le proclamer. Pas forcément disert à la veillée comme sur tous les chantiers de son expression, sa carrière se parse d'assertions mordantes, claires et explicites – invoquant ses débuts, sur le ton de la forfanterie : « J'ai pris ma licence un mardi, j'ai gagné ma première course le dimanche » ; à son apogée, en auteur de KO magistraux, en assommeur attitré de la petitesse : « Un athlète doit être un tueur, un tigre ! Au départ d'une course, tu dois partir avec dans l'esprit le fait que tu vas gagner, et si tu échoues, tu recommences le lendemain » ; impérieux à tout va : « Le plaisir de dominer les autres me prodigue une jouissance mentale, me permet de serrer les dents sous la douleur. » Puis, loin du ressenti des foules qu'on ne vint pas le chatouiller sur ses façons d'exercer : « Je cours parce que j'ai envie de gagner, pas pour être populaire. » De panache, il n'en manqua jamais qui put, parfois, s'assimiler à une entreprise d'humiliation à l'encontre de ses adversaires. Chez les juniors, par anticipation, en 1972, il avait écrasé la finale du Premier pas Dunlop naviguant crânement, seul, pendant la dernière heure, devant le peloton de cette élite nationale. Chez Gitane, près de Guimard, en 1976, qui le retint chez les professionnels à la suite d'un conflit avec Jean Stablinski né en 1975, il dut intégrer les stratégies en vigueur de ce côté-ci du Rubicon afin d'accéder de plein pied à sa fonction de leader en devenir. Un compétiteur de cet acabit n'est

Bernard Hinault : la volonté et l'abnégation à son parangon. (© PresseSports)

2021

pas à motiver mais à modérer, à quoi s'employa avec subtilité son mentor autoritaire autant qu'il était agressif. Déjà, raccord avec un animal dont on sait le relatif sens de la sociabilité, l'un de ses co-équipiers, Georges Talbourdet, l'avait surnommé le Blaireau, une marque, un totem. Et lui de confirmer : « On peut dire que les Bretons sont un peu durs, on n'attaque pas les Bretons quand ils n'ont pas envie. » Sur ce pan, il n'avait de leçon à tirer de personne, rivé à sa devise : « Tant que je respire, j'attaque ! », jamais en panne d'inspiration pas plus qu'impressionné pour quiconque, surtout pas par Merckx, en 1975, le maître redouté d'un prestige immense auquel personne ne s'évaluait. Hinault, oui ! « Il a une tête, deux bras, deux jambes, juste comme moi. » Recevable sur l'échelle des potentialités, cette assertion l'était moins sur celle de l'expérience et des preuves. En 1975, il débloque son compteur de victoires chez les pros, en remportant le Circuit de la Sarthe, la première d'une série de 216 au total jusqu'en 1986.

Avec son art de mettre les points et les poings, sur les i et ailleurs, si la nécessité s'imposait, le néophyte n'aura pas tardé à se signaler en personnage d'exception, de haute vindicte et d'un assurance propre à ceux qu'une destinée ajustée a posé à leur juste place, patron par exactitude. En 1978, sur le Tour de France, lors de l'arrivée de la demi-étape à Valence-d'Agen, en vue de la ligne, les coureurs excédés par les transferts mettent pied à terre. Au premier rang, entouré de Michel Pollentier, de Dietrich Thurau, de Freddy Maertens, ceint de son maillot de champion de France, l'œil sombre, la mine renfrognée des mauvais jours, Hinault mène la fronde. Plus tard, il allèguera que les coureurs l'avaient instamment sollicité, sans doute, cependant, il ne s'était pas défilé. Cet impromptu effacé, il remportera l'édition, la 1ère d'une collection de 5 qui l'intronisera dans le club très fermé du même chiffre. Puis, il ne manque pas de répondant, tant à la pédale qu'à l'oral. En 1982, au départ d'Orcières Merlette, sur le Tour, des agriculteurs insatisfaits bloquent la course. Ceux-ci, sur les nerfs, tentent d'expliquer qu'il faut, pour les sortir de l'ornière, acheter français. À quoi, le Blaireau, perspicace, leur rétorque : « Alors, pourquoi bloquez-vous donc la course avec des tracteurs américains ? » Réservé, si on ne l'exhortait pas à prendre la parole, en observance de son précepte : « Il faut parler quand on est sûr », sur le vif, il n'avait pas raté le coche. En 1984, dans Paris-Nice, en approche de la Seyne-sur-Mer, à 40 km du terme, des syndicalistes ont établi un barrage au bas d'une descente, Hinault s'escrime à freiner. Descendu de sa machine, un manifestant le tire par les cheveux, illico, il lui décoche une droite. Le barrage est levé. Le syndicaliste s'en tirait à bon compte, ignorant cette observation postérieure de Maurice Le Guilloux, un fidèle du Blaireau chez Renault et à la Vie Claire qui affirmait en 1986 : « Il aurait été boxeur, il aurait tué des mecs. » En 1985, sur le Tour,

Les dents serrées, l'œil déterminé comme un peu fou, le label Hinault *made in Yffiniac*. (© PresseSports)

Focus sur le champion au summum de son effort. (© CP promotionnelle Renault-Gitane - 1980)

à Fougères, en Ille-et-Vilaine, en terre bretonne, les Renault-Gitane viennent d'empocher le contre-la-montre par équipe. La ligne à peine franchie, la foule exulte, les photographes se ruent, la suite le Blaireau la narre à sa manière concise : « D'un coup, une armée d'entre eux s'est jetée sur nous alors que je voulais féliciter mes coéquipiers. Et là, boum, j'ai sorti le poing. Je voulais que ça se range autour de moi et croyez-moi, après le premier coup de poing sur un photographe, ça s'est rangé ! Je veux bien être sympa avec tout le monde. Mais entre mes équipiers et une belle photo, j'ai toujours donné la priorité à mon équipe. » D'une rectitude extrême, exigeant pour lui-même, il sut toujours renvoyer l'ascenseur – *clarapacta, boni amici* – les bons comptes font les bons amis – équipiers !

Plus d'une fois, il donna du fil à retordre à Guimard qui savait le manœuvrer, le piquer au vif avec efficacité et rendement. Lui, par forfanterie et sûreté de ses moyens, s'amusait de ses récriminations avec une désinvolture de façade, tel que plus tard, estimant cet aspect de sa personnalité, il établira : « Dans le vélo, il y a ceux qui font les cons, et ceux qui ne font pas les cons. Moi, avec la force que j'avais, je pouvais faire partie de la deuxie catégorie. » En vérité, en perspective des grands rendez-vous, il encaissait des charges de travail supérieures qui écœurèrent plus d'un de ses compagnons de route d'alors. D'une volonté inaliénable, dévoué à son précepte laconique « Quand tu veux, tu peux. » Il se fondait à frapper au moment opportun, à créer des moments d'anthologie dont l'histoire cycliste tisserait ses belles lignes. En 1977, alors que le grand public l'appréhende, médusé par sa suprématie sur le Dauphiné qu'il va s'attribuer, dans la 6e étape, lors de la descente du col de Porte, trop court dans un virage, il effectue un tout droit qui l'entraîne au ravin. La stupeur est intense. Immédiatement, le souvenir de Roger Rivière, s'étant abimé dans la descente du Perjuret sur le Tour 1960, remonte dans les mémoires. Guimard sauté de son véhicule s'est précipité. Et puis, spectacle incroyable, en contrebas émerge une main, celle d'Hinault indemne, hébété mais vaillant, hissé sur la chaussée grâce à son mentor. Miracle ou scénarisation divine pour émotion cathodique garantie ? La légende se bâtit à ce prix pour les incandescents de la gloire qu'un instant de chaos destine à la renommée continuelle. En 1980, lors de la 66e édition de la doyenne, Liège-Bastogne-Liège, disputée dans des conditions polaires, il réalise un exploit d'un autre siècle, transportant par sa hargne et son abnégation, pour un après-midi le cyclisme dans les années pionnières. Il vente, il neige, la route est glacée, les organisateurs désirent annuler, mais Hinault, emmitouflé, qui a porté une attaque à 80 kilomètres du but refuse d'abdiquer. Pourtant, comme tous, il est gelé, il ne sent plus ses doigts. C'est dantesque, c'est fou, ça n'a pas plus de sens, et pourtant, si, celui d'illustrer la folie pédalante de ce retors esseulé, de ce spectre déchaîné dans

Hinault new look chez la Vie Claire en 1984. (© La Vie Claire)

cette tourmente, dans cette Bérézina à ne pas mettre un grognard dehors. Il gagne. Par toutes les latitudes, Hinault est grand. Qui ne l'a pas vu assommer Baronchelli aux Championnats du monde en août de la même année à Sallanches ne peut prétendre disserter de la chose cycliste. Le masque intégral, les zygomatiques cirés, l'œil égaré à force de violence intérieure, dans la côte de Domancy, au dernier tour, soudain, en deux coups de rein, il exécute sur place l'Italien. La suite, on dirait qu'Hinault l'accomplit sur un tapis roulant spécialement affrété pour lui, illusion d'optique, de frénésie, sur la ligne, entre ses deux bras en V, le Breton se sacre, le monde à ses pieds, l'arc-en-ciel à son torse. Magistral ! Autant que lors de son arrivée chaotique sur le Cours Fauriel, à Saint-Étienne, à la 14e étape sur le Tour, le 13 juillet 1985, en lice pour l'obtention de son 5e. À 300 mètres de la ligne, balancé par Phil Andreson, il s'est accroché avec Peter Winnen et Paul Haghedooren – Chute ! L'émotion est à son comble. Il se relève, remonté sur son vélo, il franchit la ligne, le visage enduit de sang. La suite, il la raconte à ras des faits avec un sens du diagnostic tout personnel : « Je chute, j'ai le visage en sang, je me casse le nez. C'est rien. Ça ouvre un peu le crâne mais c'est rien. La cloison nasale n'était pas cassée en bas mais à hauteur du cerveau. Ça ne m'empêchait donc pas de respirer. Ça ne faisait que des yeux au beurre noir. Le plus dur, ça avait été les 2 ou 3 jours suivants car il fallait éliminer le contrecoup de la chute. Le foie était en surcharge de travail mais on s'est accroché et c'est passé. » – Plus âpre au mal, tu meurs !

Hinault, jamais ne se rend, jamais n'expire, intraitable en mousquetaire ridé, toujours prêt à dégainer. En vertu de cet envoi, il tendrait à corroborer cette observation de La Bruyère : « Un renard – un blaireau – change de poil, pas de caractère ! »

À peine décontracté, l'œil aux aguets, sous le maillot de l'équipe de France au départ d'un mondial au début de sa carrière. (© PresseSports)

FRANCE

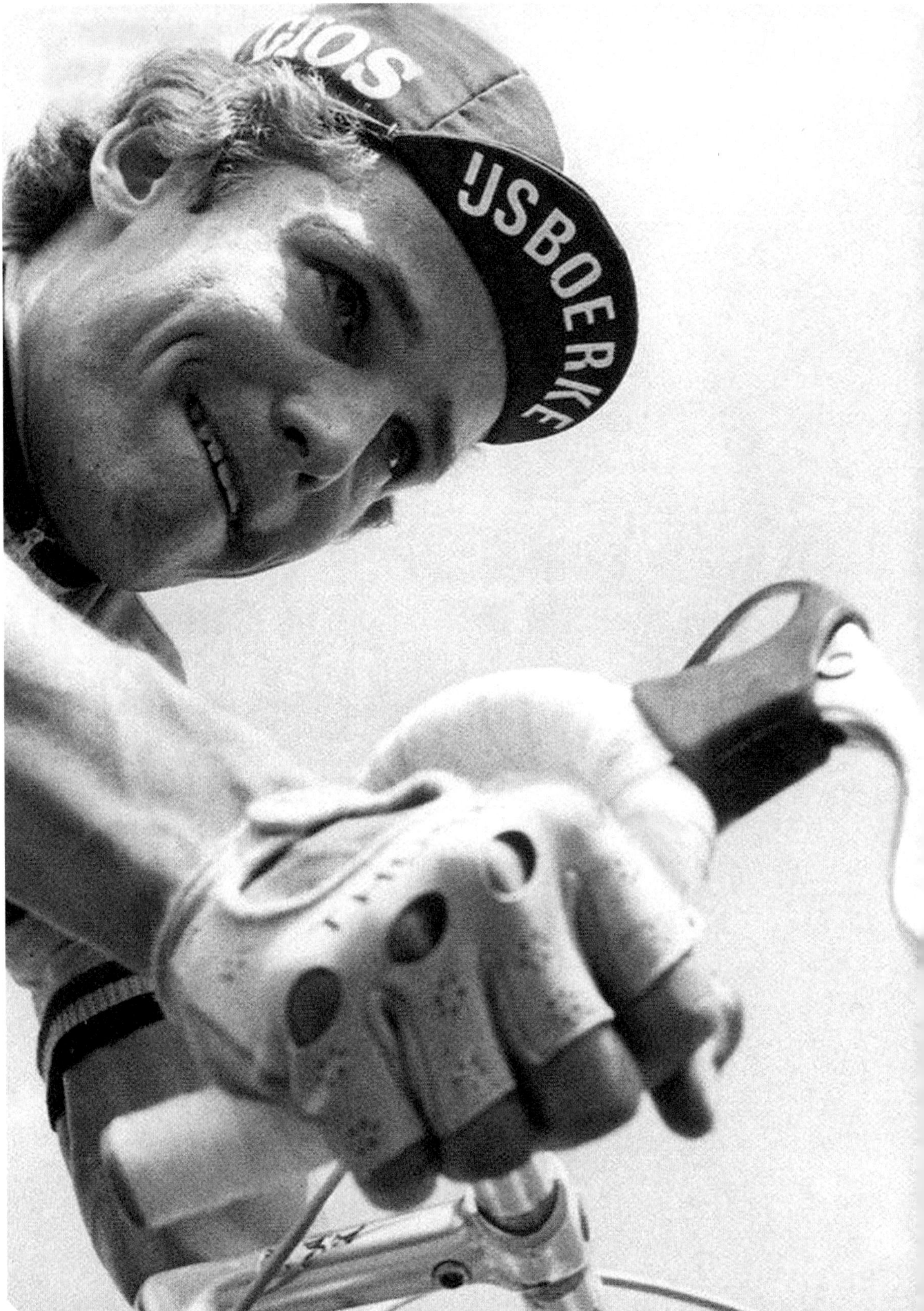
IJSBOERKE

DIETRICH THURAU

LE FAUST BLOND

Si, dixit Jean-Claude Pirotte, l'élégance n'est pas la beauté, elle en est à tout le moins l'apparat, l'enveloppe sous laquelle rien, *a priori*, de pernicieux ne se trame à moins que par calcul, intérêt ou déviance, elle se pervertisse. En cyclisme, cette prime requiert de pédaler vite, de se surpasser en n'y laissant rien paraître, de se déchirer en restant impeccable. L'apanage de peu, ce cadeau à l'œil distingue en clair le champion ailé du commun, une grâce qu'il s'agit de caresser avec tact au risque, sinon, de sombrer dans la vacuité – l'élégance est traitresse, propre à susciter l'inconséquence ou l'indolence quand il ne suffit que d'apparaître pour être.

Pour un podium de cette variété, Charles Pélissier, Hugo Koblet, Dietrich Thurau, notre modèle distinct : vedette des années folles, un physique avantageux, le dernier des Pélissier s'était inscrit dans le Tout-Paris, enfant gâté du Tour, Charlot pour les hommes, Valentino pour les dames. Adroit à se monnayer, il menait grand train ; Hugo Koblet, d'une invraisemblable aisance à la pédale, héros magnifique sur le Tour et le Giro, soignait son aura, prisait l'or. Frappé de prodigalité, il échoua sur la paille, courant dès lors vers une mort violente, un suicide supposé ; Dietrich Thurau, dit Didi, Gueule d'ange, qui, sacralisé sur la route, obliqua vers la piste, délaissant le panache pour la fortune. Ces trois auront eu à négocier avec Faust, leur inspirateur, en Midas toujours près du pactole, ce qui équivaut au même : l'élégance se double à l'aise d'un penchant au luxe, du goût de posséder. En forme d'une malédiction, elle dicte ses excès par lesquels, *in fine*, elle se rembourse. Charles Pélissier, qui fit commerce de son image, précocement décédé à l'âge de cinquante-six ans, en 1959, aura sûrement payé ses abus de strychnine, Hugo Koblet, mort au volant de son Alfa Roméo dans des circonstances mal élucidées aura probablement eu à se reprocher ses écarts dispendieux, quant à Dietrich Thurau, le benjamin, il se sera dispersé par appât du gain tout court.

« Il était beau, il était blond, il sentait bon le braquet chaud, ce mercenaire... » Air connu. (© Collection privée - DR)

Il était beau, il était blond, il sentait bon le braquet chaud, ce mercenaire. Sacré moteur, et quelle allure ! Pour une carte postale sur fond d'azur, chez TI-Raleigh ou Del Tongo, chez Gios ou chez Kotter's, à la fin, partout, dans toutes les équipes où il sévit, on aurait dit qu'il avait signé pour la photo, spécialement modelé pour l'objectif. Si, sur papier glacé, il l'honorait – l'objectif – à tout bout de champ sur la route, il le trahit, moins présent au fil des ans sur les clichés finish que sur les publicitaires,

Dietrich Thurau avait débuté en fanfare sur le Tour de France 1977 où il porta le maillot jaune pendant quinze jours, 5e au final, meilleur jeune. (© PresseSports)

moins concentré sur un palmarès que sur le culte rendu à sa personne traduit en cash. Ambassadeur de la magnificence allemande, aussi enchanteur sur un vélo que Beckenbauer un ballon au pied, entre 1975 et 1979, il donna à espérer qu'il était le nouveau prodige de la route. Encore amateur, Christian Seznec, futur professionnel chez Gan, en 1975, avait été courir en Allemagne une épreuve disputée sur un tourniquet. Figurait là un bel échantillon de l'élite amateur européenne. En quelques passages sur la ligne, témoigna-t-il, un type annoncé par les sirènes des voitures ouvreuses était venu talonner le peloton pour le dévorer avec un tour d'avance. Inouï, écœurant, cet inconnu, un Allemand, se nommait Dietrich Thurau.

C'était, effectivement, un rouleur d'exception : champion du monde de poursuite amateur en 1974, d'Europe, derrière Derny en 1979 et 1980, d'Allemagne sur route et de poursuite en 1975 et 1976, du contre-la-montre cette dernière année. En 1975, professionnel dans l'équipe hollandaise TI-Raleigh, momentanément, il se confère aux vues de Peter Post, son directeur sportif, un ancien ruban rouge de la route qui guide ses premiers pas. Quelques jolies places décrochées sur les Classiques, 8e de l'Amstel Gold Race, sur les courses par étapes, 6e de Paris-Nice, il s'attribue le Grand Prix de

Fourmies, le Tour de l'Oise. En néophyte, il n'aura pas tardé à trouver sa place. Il se lance dans la saison 1976, confiant. Au printemps, il se pare du maillot bleu du vainqueur du challenge par points de la Vuelta, 4 étapes raflées. 4e au général, il se positionne pour les rendez-vous aux longs cours. Double champion d'Allemagne, cette année-là, en individuel sur route et contre-la-montre, il s'avisait en digne successeur de Rudi Altig, le kaiser de Mannheim, d'un style rageur et emporté, à l'inverse du sien. De toutes ses saisons consacrées à la route, indéniablement, celle de 1977 reste la plus scintillante, à l'origine de sa notoriété. 19 jours en jaune sur le Tour, 5 étapes perçues, 5e au général, la France et la planète cyclisme ont appris à l'identifier. À part de tous, sa pédalée subtile, son insolence polie, sa manière lisse de maquiller son effort lui tiennent d'une signature ornée. Parce qu'il possède un talent rare, en champion précoce et prédestiné, il est intronisé chez les Géants. Souverain dès le prologue puis, le surlendemain au terme des 253 km séparant Auch de Pau, il n'avait pas mâché son discours. En approche des Pyrénées, le Francfortais se sent pousser des ailes, dont aucun ne le dépare, à Bordeaux, sur les 35 km du circuit du Lac, il écrasa le contre-la-montre de sa supériorité. Adroit sur les pentes, rouleur émérite, capable de sprinter (multiple vainqueur d'étapes sur le Tour d'Andalousie 1977), il correspond au profil du coureur complet, spécialement adapté à celui du Tour, conforme à sa promesse de la saison précédente. Tandis qu'Eddy Merckx effectue son ultime Grande Boucle, sous pas mal d'aspects les observateurs ne se retiennent pas de les croiser. Ainsi, dans le *Miroir du Tour* 1977 : « Dietrich Thurau est né plusieurs fois dans ce Tour. Né aux victoires d'étape. Né au maillot jaune. Né à la popularité énorme. [...] [Référant à sa victoire à Chamonix] Un exploit qui le magnifie le jour précis où Eddy Merckx perdait le Tour de France. Naissance d'un champion. Et crépuscule d'un Dieu. » Parce qu'il rehaussait le prestige de l'Allemagne où la fièvre jaune avait sévi pendant

Chez Puch en 1980, et sans cesse cet air juvénile tampon de son image séduisante. (© CP promotionnelle Puch-Sem-Campagnolo, 1980)

Trois ans sous les couleurs de Ti-Raleigh de 1974 à 1977, le Francfortais annonçait un règne d'exception. (© CP promotionnelle Ti Raleigh, 1976)

trois semaines, il s'attira l'estime de son pays.

À l'arrivée sur les Champs-Élysées, Jacques Chirac, alors maire de Paris, avait déclaré : « Depuis Konrad Adenauer, personne n'a autant fait pour l'amitié franco-allemande que Didi Thurau, sa fraîcheur juvénile, son sourire angélique, sa physionomie amène le gratifiaient de toutes les vertus. » À 23 ans, son aura grandissait qui allait le déplanter peu à peu, notamment lorsqu'il quitta TI-Raleigh et Peter Post, en fin de saison, cédant aux sirènes mercantiles, sa faiblesse et, peut être finalement, sa raison profonde d'exercer. Envolé chez Ijsboerke, en 1978, il fait l'impasse sur le Tour. De retour, en 1979, sous les couleurs de Puch, il l'achève à la 10e position, une étape glanée. À la suite, de 1980 à 1987, à raison d'une participation tous les deux ans, il n'en termina plus aucun, ayant renoncé ou classé hors délais. Déjà, à ce stade, bien que lauréat de Liège-Bastogne-Liège, en 1979, il avait embrayé sur les épreuves de Six Jours, 2e de ceux de Hanovre associé à Patrick Sercu (1980). En rétrospective, il s'était attiré des suspicions de collusion, lors des Championnats du monde, spécialement, à ceux de San Cristóbal, au Venezuela, en 1977, où il se chuchota qu'il aurait fourgué le titre à l'Italien Moser, à ceux de Valkenburg, aux Pays-Bas, en 1979, où très coopératif, il termina 2e derrière Jan Raas, son ancien coéquipier chez TI-Raleigh. Avérées ou non, ces deux rumeurs accolées n'auront pas concouru à lustrer sa probité.

En as du parquet, dans l'exercice de Six Dayman, il va reprendre un second souffle, vedette adulée des enceintes d'Europe où cette spécialité hivernale durait, se redressait même. Comme il était entré par la grande porte sur la route, il réitéra sur piste sous les faveurs d'un public qui s'était déplacé avec lui. Miracle ou prolongement de son don de rouleur, jusqu'en 1989, quand il raccroche aux Six Jours de Stuttgart, il a embelli son palmarès de 29 succès, en duo avec les meilleurs spécialistes, ses compatriotes, Günther Haritz, Jürgen Tschan, Gregor Braun, Albert Fritz quand ça n'est pas avec le Belge Patrick Sercu, le Merckx des parquets, Urs Freuler ou Danny Clark. Équipages de luxe pour gains réciproques assurés, à servir un plateau, les écureuils « new-look » et les organisateurs se frottent les mains. Sauf quelques détours par le Danemark, Copenhague, la Suisse, Zurich, la Hollande, Rotterdam, Maastricht, l'ange cupide se cantonne pour l'essentiel au circuit allemand florissant, à domicile où la piste paye son homme. Il s'exhibe à Berlin, Francfort, Brême, Stuttgart, Cologne, Munich, Dortmund, bref, il est partout chez lui sur ce calendrier adapté à sa promotion personnelle. Dans cet univers singulier où les arrangements entre cadors sont fréquents, où le train et les classements se règlent souvent pareils il fait sa pelote.

Parce qu'il l'avait désiré plus que tout – et qu'il en possédait les moyens –, Thurau s'était enrichi. Quelles que furent les pondérations qui volaient à son propos, il se trouvait en position de les ignorer : Six-Dayman reconnu, excipant d'un palmarès sur route, même tronqué, que beaucoup auraient aimé dérouler. Ce qui n'empêcha pas que dans son onde des rumeurs de dopage du temps de sa splendeur sur l'asphalte enflèrent, qu'il admit en partie, non sans cynisme ou arrogance. Il était fini le temps où on lui aurait accordé le bon dieu sans confession, il avait joué dans la cour du diable et, son âme et ses jambes vendues, finalement, il s'en était bien sorti.

Sur un registre spectaculaire équivalent, pour la postérité, Dietrich Thurau s'apparente à un Louis Jouvet qui aurait évité Knock, à Gérard Philipe qui n'aurait pas joué le Cid, à Depardieu qui se serait privé de Cyrano.

« Thurau, ô Thurau ! », « Du gâchis ! » répondit l'écho.

L'EQUIPE
La Vie Claire
wonder
radar LOOK

BERNARD TAPIE

LA VIE CLAIRE OU PRESQUE

Depuis son origine, le cyclisme fut professionnel, ses champions signés par des firmes de cycles ou d'équipementiers. Dans l'ordre d'une concurrence, cette disposition exacerbait les tensions entre eux ; qui défendait les intérêts de Dunlop pour les pneumatiques, qui, ceux de Clément pour les cadres, etc. Avant qu'Henri Desgrange ait tranché en faveur des équipes nationales sur le Tour, en 1929, ce combat durait entre les marques de cycles reines, et, notamment à ce cap, entre La Française et Alcyon, ou d'annexes, Alléluia, Thomann, qui débouchait sur des collusions ponctuelles en course. Déterminé à fournir les cycles pour qu'elles cessent, Desgrange opta pour Alcyon. Lors qu'il était ami avec le patron historique de la firme, patron du Tour lui-même, le dilemme s'affaissait. En vertu de cette préférence drastique, il renvoyait les autres fournisseurs sur les bas-côtés. Duels mécaniques, financiers, entre sponsors, duels d'hommes, de dirigeants aussi, le cyclisme ne s'est jamais épargné ses avatars à dates récurrentes. À preuve, le dernier épicé qui opposa Cyrille Guimard à Bernard Tapie, à partir de 1984 : le premier, homme de l'art, le second, homme de l'or, l'un attaché au cyclisme, sa vie, l'autre attaché aux affaires, son destin.

Ce vendeur de télévisions, en 1967, a gravi tous les échelons de la réussite en se spécialisant dans le rachat d'entreprises, en créant au cas échéant, avec plus ou moins de transparence. En 1981, il avait écopé d'un an de prison avec sursis à la suite d'un montage hasardeux avec le pape des plantes, l'herboriste Maurice Mességué – ensemble, ils avaient élaboré un service aux cardiaques qui ne vit jamais jour. Du cœur à convaincre, de l'estomac, Tapie n'en manquait pas, et n'en manquera jamais. D'une capacité olympique à embrouiller, bluffeur comme personne, son arme cruciale, c'est la parole – qu'il donne facilement surtout quand il se prépare à la vendre. Posté au sommet de la pyramide des repreneurs au franc symbolique, en chirurgien pressé, il n'a pas son équivalent pour « soigner » les entreprises malades. Dans la première moitié des années quatre-vingt, il s'est attribué Terraillon, Look, La Vie Claire, Wonder dont il se servira pour s'implanter dans le cyclisme au grand déplaisir de son concurrent établi, son ennemi de fait, Cyrille Guimard.

Entre Hinault et Lemond en jaune sur le Tour 86, tandis qu'entre les deux la situation était tendue, le «boss» sut mettre la poussière sous le... tapis. (© PresseSports)

À la fin de la saison 1983, Hinault décline. Embarrassé par un proble au genou, d'aucuns voient sa carrière terminée. Par surcroît, ses rapports avec Guimard, son

L'équipe La Vie Claire-Terraillon en 1984 qui attire l'œil avec son maillot décliné d'un tableau de Mondrian. (© CP promotionnelle La Vie Claire-Terraillon, 1984)

tuteur originel, se sont dégradés. Il lui reproche son autoritarisme, d'être tenu à l'écart des décisions, en fin de saison les deux hommes en froid se quittent. Le Breton entré en contact avec l'homme d'affaires maille avec lui une équipe à sa dévotion pour 1984, La Vie Claire, une marque de produits naturels, dont le maillot décliné d'un tableau du peintre abstrait Piet Mondrian constitue à lui seul une révolution. À la première entrevue, les deux hommes se sont plu ; Tapie a aimé la franchise du Blaireau, lui a été séduit par l'abattage et l'ambition de son futur employeur à son écoute amplifiée. Puis, en cas d'investir dans le mille, Tapie sait ouvrir son porte-monnaie. D'emblée, il institue des salaires à la hausse, instaure des règles commerciales dans le cadre d'un gagnant-gagnant alléchant. En 1984, titillé sur le sujet d'avoir capté Hinault, il plaide : « On n'achète pas un homme de cette qualité-là, je me suis mis à travailler avec lui parce qu'il avait des choses à m'apporter et moi à lui donner. » D'ores et déjà, Guimard fulmine, raide aux cordons de la bourse, possesseur d'un savoir qu'il distille au compte-gouttes. Irréconciliables par nature, ces deux instigateurs se heurtent, l'un, matois, garant d'une tradition ancrée, de technicité, l'autre, à l'affût, dans l'air du temps, rivé aux enjeux de la mondialisation à l'œuvre. Jamais Guimard et Tapie ne pactiseront. Si le premier s'épanche volontiers de commentaires abrasifs, en revanche, le second s'en exempte au moins en public. À ce point, celui-ci n'est pas encore le roi du coup de gueule à l'emportée, retors et caressant, il a plutôt tendance à user de charme.

En remportant le Tour 84, avec Fignon, Guimard tient toujours la lice. Tapie s'impatiente. Fin 1984, entre eux, le ton monte encore. Tandis que Guimard convoitait Jean-François Bernard, le champion de France amateur, Tapie lui soulève. La tension grimpe encore lorsqu'à l'intersaison, Greg LeMond débauché de chez Renault s'enrôle à La Vie Claire contre un salaire gonflé – un million de dollars sur trois ans –, prime commerciale à l'avenant. La société Look détentrice d'une pédale révolutionnaire inspirée des fermetures automatiques de ski, Tapie promet à sa recrue un pourcentage sur les ventes –1 dollar par pédale, il ne touchera jamais la somme indexée, pas plus qu'Hinault, son régleur, d'ailleurs. À l'occasion du transfert de l'Américain, champion du monde 1983, sous le maillot Mondrian, Guimard sort de ses gonds : « Je croyais que Tapie voulait révolutionner avec des méthodes nouvelles. On s'aperçoit que rien n'a changé. Avec un bon carnet de chèques, on est prêt à recruter des stars affirmées. » Roué à la guerre économique, concentré à défaire Guimard sur toute la ligne, Tapie rétorque : « Un coureur quand il sort de chez Renault, il n'est plus rien [...]. Avec Greg, pour l'avenir, on crée une structure aux États-Unis, comme on l'a fait avec Bernard [Hinault], en France... » *Look is Look*, *business is business* ! En 1985, riche de deux leaders potentiels, Bernard Tapie entend peser dans la balance Terraillon comme il se doit. Hinault, désigné pour la gagne, LeMond l'épaulera. Lors de la 15e étape vers Luz-Ardiden, pour se situer, LeMond attaque, Hinault apprécie peu. Rétrospectivement, il affirmera que l'Américain n'avait pas les moyens de gagner cette année-là, celui-ci alléguant que c'est grâce à lui qu'Hinault l'a emporté, quand, en perdition dans l'Aubisque lors de la 16e étape, il l'a poussé. Rien n'est aussi clair à La Vie Claire qu'il y paraît. Cependant, le plan Tapie fonctionne puisqu'Hinault décroche son 5e Tour rejoignant à ce niveau Anquetil et Merckx. Le record fixé sous sa direction, par aubaine, Tapie encaisse aussi les retombées à l'aune de sa notoriété d'homme des défis accomplis. Cependant, la discorde perçue entre Hinault et LeMond alimente la chronique. À la télévision, en perspective du Tour 1986, à l'aise, le boss de La Vie Claire assure : « Si Hinault annonce dès le départ qu'il se sacrifiera, ça veut dire que Greg est le leader pour l'année prochaine. » À démontrer. Après coup, on saura que cette édition fut scénarisée par Tapie dans son équipe où évoluaient les deux protagonistes de 1985 mais aussi Jean-François Bernard qui, même un peu vert, pouvait aspirer à des challenges secondaires (10e du classement du grimpeur, 3e de celui des jeunes),

L'équipe Toshiba 89 qui n'intéressait déjà plus Bernard Tapie, les yeux tournés vers le football plus juteux, dorénavant, pour sa renommée. (© CP promotionnelle Toshiba, 1989)

vainqueur de la 16e étape entre Nîmes et Gap. LeMond, sur le haut du podium à Paris, Hinault, bien que s'en défendant, avait joué personnel. Le fil tendu entre l'Américain et lui, il ne s'avoua battu qu'à l'issue du contre-la-montre à 3 jours du terme. Parce que le torchon brûlait, à sa manière incisive, Tapie était intervenu pour que la tension retombât. Résultat : échappés ensemble, vers l'Alpe d'Huez, pendant la 18e étape, les deux larrons souriants ont franchi bras sur l'épaule la ligne, au sommet. Bien qu'Hinault soit déclaré vainqueur par les commissaires, cette image feinte de concorde réparait en façade la rumeur édifiée, malgré tout. La Vie Claire lauréate du challenge par équipe, Tapie faisait carton plein. En mince consolation, Syste U de Guimard plaçait un seul homme dans le Top 10, Yvon Madiot, (10e), Fignon non-partant au matin de la 13e étape. En trois saisons, Bernard Tapie était parvenu à ses fins, déboulonner son rival au gré d'une guérilla entretenue ; dans les contre-la-montre par équipe, il exhortait sans cesse la sienne à terminer coûte que coûte devant celle du Nantais. À son avantage, motivateur de choc sur le mode viril, Tapie gardait sa troupe sous influence, sachant à quelques détours tenir parole à sa manière clinquante : pour récompenser Jean-François Bernard qui s'était distingué, il offrit la rutilante Porsche de ses rêves.

Cette parole qu'il honorait de loin en loin, il l'accompagnait d'une esbroufe orchestrée, en perpétuel calculateur de sa cause mercantile. Pour autant, grâce à lui, même au risque de l'inflation, dorénavant, le cyclisme garantissait des salaires conséquents aux coureurs indexés sur leurs performances et leurs valeurs commerciales. Sur ce terrain-là, Guimard avait été doublé. Au bilan, en 1987, Tapie avait raflé la plupart des grands équipiers de Syste U, signés chez Toshiba-La Vie Claire resserrée autour de Jean-François Bernard. Le Nivernais en dessous de sa charge, Tapie se désintéresse de l'équipe. Entre le staff et lui des failles surgissent. À l'horizon de 1991, Toshiba se retire définitivement. En vérité, dès 1986, son gang accompli dans le cyclisme, Tapie n'avait plus que l'OM et le football en tête.

Adepte du show personnel, dominant la communication, en aventureux avide au gain, Bernard Tapie avait soufflé son ouragan de déstabilisation. Des années après, Guimard ne s'en remettait toujours pas : « T'arrives, tu casses tout, et puis tu t'en vas en laissant tout cassé ? C'est intéressant, ça. »

À user d'opportunisme, Tapie, qui ne fut jamais un homme du cyclisme, ni de culture, pouvait au moins se retrancher derrière cet aperçu de Cioran qu'on lui aurait soufflé : « Les opportunistes ont sauvé les peuples, les héros les ont ruinés. »

Loin d'une vie claire, en toute décomposition, le cynisme lave plus blanc.

La Gazzetta

LAURENT FIGNON
(1960-2010)
LE PARISIEN LIBÉRÉ

Sous sa blondeur adolescente, Laurent Fignon épargnait une personnalité difficile à capter, un mystère propre à cet ambitieux débarqué dans une discipline qui s'exonère aisément de nuances, qui recrute de préférence chez les individus d'un bloc, lisibles d'emblée, leurs natures plaquées en façade : Hinault, la fureur, Merckx, la témérité, Indurain, le recul. Quelle était la sienne, tamponnée de franchise et d'une circonspection marquée opérant en grand écart au sein de son être dissimulé ? La bienséance n'était pas son fort ; pas plus que la conciliation plate n'était son faible. À mi-distance entre ces deux pôles, retranché dans une zone indéfinissable, il ne mâchait pas ses plans quand bien même dans son onde se prolongeait une énigme manifeste. Il était perspicace celui qui prétendait le déchiffrer. Bardé d'une résolution exclusive puisée aux sources d'un mental compact, il avançait masqué, abrité derrière un extérieur impassible qu'un permanent petit sourire rissolant éclairait. Bien que, plus sûrement, cette lumière nichât dans son regard bleu mouillé. Cette cuirasse indicible, c'était sa pudeur, sa réserve d'orgueil à vif, son arme primordiale. Juvénile et détaché d'abord, hautain, pourtant, il s'administrait des principes étriqués, ses remparts contre l'affaissement, ce travers qui transforme volontiers l'élu exaucé en sybarite. Et comme il fut récompensé tôt parmi l'élite, il s'était édicté à garder son cap. À preuve, cet extrait de son livre, tout un programme déjà, *Nous étions jeunes et insouciants* (2009) : « Du début à la fin, qu'on m'ait aimé ou non, qu'on ait été impressionné par mes exploits ou non, qu'on ait vu ou refusé de voir en moi un champion d'exception, je suis resté Laurent Fignon. Rien que Laurent Fignon. Moi et rien d'autre en somme. Ni un fantasme ni une transposition. Juste un homme qui fit tout ce qu'il put pour se frayer un chemin vers la dignité et l'émancipation. Être un homme. » Le titre empreint de sa circonspection, le double vainqueur du Tour demeurait fidèle à sa flèche. Qui fit de sa vie écourtée un chemin semé d'embellies mais aussi de désarrois, tel ce dimanche 23 juillet 1989, où, à l'issue du contre-la-montre final de 24,5 km du 76e Tour de France, dominé de 8 secondes par Greg LeMond sur les Champs-Élysées, il s'est écroulé, foudroyé en direct sous les herses braquées des objectifs et des caméras. Pour la première fois, il exposait sa blessure, sa douleur tenaillante encore vive sur le podium où il ne parvenait pas à se dérider, l'œil lointain et transparent d'un égaré qui daignerait s'abstraire de n'importe quelle façon. Battu à la

Laurent Fignon qui, en dépit des apparences, n'eut pas une vie si rose, trop tôt abrégée. (© PresseSports)

pédale, le moral essoré, se déparant de son image gainée d'arrogance, il s'était grandi aux yeux du public face auquel il demeurait jusqu'alors assez inaccessible. À la droite de son triomphateur, Greg LeMond, son coéquipier chez les amateurs à l'U.S Créteil et chez Renault, il ne se remettait pas. Une moue pathétique, les épaules rétrécies dans son maillot Syste U où subsistait un peu de jaune, il s'affichait sonné, happé par un sort fatal qui l'avait rabaissé et qu'il n'oublierait pas. « On ne fait jamais son deuil d'un événement aussi violent ; au mieux parvient-on à en domestiquer les conséquences psychologiques » confessait-il en 2009 dans son ouvrage.

Au départ d'un contre la montre en 1988 sous le maillot de l'équipe Syste U dont il était associé à la destinée. (© *Miroir du Cyclisme*, 1988)

Ce Rastignac du vélo ne s'accordait pas à la défaite ou très mal. Chez les amateurs, il avait démontré un exceptionnel appétit de gagner, sa motivation essentielle. Rude au sacrifice, minutieux dans son accession vers les sommets, indépendant jusqu'à paraître froid, il avait rarement fendu l'armure, réputé pour son verbe haut et moqueur alors que rien ni personne ne l'épatait, convaincu qu'il était destiné à une place primordiale. Il n'était pas venu au cyclisme pour amuser la galerie : ou bien il en vivrait s'étant hissé au pinacle, ou bien il retournerait à ses chères études. Au début des années quatre-vingts, le cyclisme préservait encore sa tradition d'un vivier rural, d'agriculteurs, d'apprentis à l'établi, de manuels, le bagage plus ou moins lesté, qui avaient, souvent, cessé toute activité pour embrasser leur espérance, être pro – 3 lettres par lesquelles se détermine un trajet supérieur dans l'existence. Singulièrement regardé comme étant la fête des pauvres, du populo

en goguette, le cyclisme changeait d'identité, obliquant petit à petit vers un sport policé, managé, en rupture des années cinquante, soixante voire soixante-dix où l'improvisation tenait lieu d'une fabrique. Fignon, natif du XVIIIe arrondissement de la capitale en 1960, modélisait le Parisien par excellence autant que le renouveau à ce degré d'une lignée de coureurs urbains à la suite des André Leducq, Robert Chapatte, Louis Caput ou Serge Blusson, jadis. Domicilié à Tournan-en-Brie, en Seine-et-Marne, par son allure estudiantine, justifiée, il avait fréquenté l'université de Villetaneuse, par sa façon claire de s'exprimer, il se fondait dans cet archétype. Flanqué de son inséparable copain Pascal Jules, passé pro en même temps que lui chez Guimard, plus titi, vite, il fut surnommé le Parisien ou l'Intello, selon, en déclinaison de son profil éduqué et du port de lunettes ovales fines qui le renforçait. Subsidiaire ou non, cet aspect lui attirait respect ou quolibets, à parité. Jacques Marinelli, furtif porteur du maillot jaune en 1949 s'était gaussé avec une certaine acrimonie : « Ça n'est pas parce qu'on porte des lunettes qu'on est forcément un intellectuel. » À ce stade, peut-être, le vétéran supportait-il mal que le jeunot du cru l'ait détrôné à l'âge dans le port du maillot jaune qu'il allait rapporter à Paris, en 1983. Pour cette participation initiale tandis qu'au départ de Fontenay-sous-Bois, il visait un éventuel Top 10, le challenge du maillot blanc du meilleur jeune ou une victoire d'étape, au choix, il avait surpassé ses espérances et celles de son entourage. Pragmatique toujours, d'un tempérament défensif, souvent, il eut des mots ou des commentaires qui furent mal interprétés.

Fignon et Hinault à couteaux tirés sur le Tour 1984 après qu'ils eussent été équipiers chez Renault Gitane en 1982 et 1983. (© *Miroir du Cyclisme*, 1984)

En 1984, en chemin pour une 2e victoire consécutive, alors qu'il tordait le fer avec Hinault vers l'Alpe d'Huez, à l'arrivée, narquois, il avait lâché : « Hinault m'a bien fait marrer aujourd'hui. » Ce qui, bien sûr n'avait pas eu l'heur de ravir le Blaireau piqué entre les côtes. Il était comme ça Fignon, un peu à l'écho de son aîné, son congénère chez Renault, brut de formule si ça l'arrangeait mais en plus chambreur, en plus insidieux, l'air de s'en foutre. Impitoyable dans la règle, adepte de la joute à la dure, averti qu'en cyclisme comme à la guerre la victoire ne revient qu'aux survivants, il lâchait facilement : « Quand je vois un mec tomber sous mes yeux, je me dis que ça fait un concurrent de moins » ou bien encore : « Moins il y a de bons mieux je me porte. » Toutes allégations acerbes qui lui vaudront de tisser en marge de sa légende dorée, l'une de bad boy à la parole, alors que dans les faits, il disait tout haut ce que les autres ruminaient tout bas. À l'intox, par calcul il savait abattre ses cartes. Puis il ne tolérait pas qu'on crève sa bulle, surtout les mauvais jours. Pour renvoyer sèchement les journalistes à leur place si l'envie l'en prenait, il était parfois appréhendé en caractériel. Si bien que pendant 2 jours sur le Tour 1989, il fut boycotté par les photographes qui l'indisposaient en un intervalle où il s'évertuait à masquer un mal à la selle qui le rongeait. Et, comme il n'effectuait rien à demi, lors de la journée de repos, il avait refusé une interview aux envoyés du *Parisien*, ceux-ci pour son antipathie à leur égard lui avaient décerné le Prix Citron. Or, c'était encore un prix.

Sa carrière derrière lui, Fignon, parti chez Gatorade, en Italie, signa une victoire nette sur le Tour de France 1992 à Mulhouse. (© CP promotionnelle Gatorade, 1992)

En esprit éclairé, formaté, ayant étudié la science des structures de la matière à l'université, le Rubicon franchi qui départage les amateurs des salariés officiels du braquet, il avait tout compris du syste – de sa structure –, de ses enjeux humains et commerciaux, de ses non-dits et de ses éclatants paradoxes – un syste adapté aux arrangements, aux ingénieux, reposant sur le rapport de forces : savoir se situer, anticiper. En 1985, il s'était associé avec Guimard, son mentor, dans France-Compétitions, un organisme autonome de gestion de son équipe, prompt à évaluer les bénéfices matériels de ce montage mais aussi, au plan sportif, la liberté qu'il lui déléguait. Par ce choix, avec Guimard, il inaugurait une autre manière d'aborder le métier, et, en cela, précurseur, moderniste comme son intellect le lui permettait. À la charnière, entre deux périodes, il a connu un cyclisme empirique, artisanal, au moins, et celui, vicié, du trucage moléculaire répandu, à partir de 1990 quand, déjà sa carrière se refermait derrière lui. Sur ce sujet, en allusion aux amphétamines et à la cortisone, plus tard, il daigna s'exprimer à sa manière droite autant que contournée : « Tout le monde le faisait ! Moi, je ne prenais jamais de risque. Ni physiquement ni sportivement. J'étais dans le syste, à ma manière. » Lucide, et sans concession à son égard, remettant l'enjeu d'un palmarès au centre du débat dans le contexte de l'EPO à peu près généralisé, il s'interrogeait : « Comment aurais-je agi si j'avais eu cinq ou six ans de moins et l'un à aller chercher ? » Ses lunettes retournées vers son intérieur, il s'introspectait. Longtemps qu'il avait raccroché, en 1993, désormais, il s'était reconverti en patron d'un centre de remise en forme dans les Pyrénées. Affranchi de son passé, il se laissait aller à quelques aveux : « Je n'ai jamais pensé que c'était mieux de mon temps. C'était juste différent, voilà tout. Comme le sont toutes les époques. J'ai néanmoins le sentiment d'avoir traversé le court intermède « hippie » du vélo. Je crois même en avoir été l'un des principaux instigateurs. »

2 Tours de France conquis (1983, 1984), 1 Giro (1989), brillant sur les Classiques, vainqueur de La Flèche wallonne (1986), de 2 Milan-San Remo (1988, 1989), champion de France 1984, auteur d'innombrables podiums ou places d'honneur, pour la postérité, ce rebelle classieux du cyclisme contemporain ne se sera pas trompé en embrassant le professionnalisme, riche déjà, de plus de 50 victoires à l'échelon inférieur. Un must !

Populaire malgré lui, il n'avait jamais cherché à séduire, chevaleresque à froid, agaçant, à quelques détours, dans son attitude de vouloir avoir raison. Comme le printemps a ses nuées, il avait ses humeurs, ses grains, ses bourrasques – le vent de vivre. Fignon était son nom. En peu de saisons, il aura soufflé.

« *Not so long, bad boy, we see you later!* »

ROBERT MILLAR
PHILIPPA YORK

PRESQU'IL, PRESQU'ELLE

Les mystères de la naissance et de la biologie sont assez insondables pour le commun des mortels, et souvent au premier ou à la première intéressée qui, pour savoir beaucoup de lui, en sait encore peu de celle qui sommeille en lui et qui le hante, ou l'inverse si le cas se présente. Encore qu'au point zéro de la transformation, d'apparence ce soit ici le masculin qui prédomine. En juin 2017, sa transition entamée dans les années deux mille, Robert Millar cède le pas à Philippa York, une Écossaise née le 13 septembre 1958 à Glasgow ainsi que le stipule désormais son état civil, une Philippa York qui n'aura pas laissé de traces sur les tablettes du cyclisme *a contrario* de son modèle d'origine, quintuple vainqueur d'étapes sur le Tour, meilleur grimpeur du Tour 1984 et du Giro 1987.

Si, aujourd'hui, Philippa daigne se souvenir de Robert, elle sait qu'ayant débuté vers l'âge de seize ans le cyclisme dans son pays, il a débarqué en France en 1978 pour prendre une licence à l'ACBB, la réserve amateur de l'équipe pro, Peugeot-BP, qu'ayant gravi tous les échelons à ce degré, vainqueur de la Route de France en 1979, il s'est hissé en 1980 parmi l'élite internationale. À cette époque, c'est un garçon renfermé qui apparaît sur les photos promotionnelles, visiblement introverti, petit, d'une carrure étroite, un regard un peu fuyant qui peine à fixer l'objectif. D'emblée, il ne se montre pas très liant, peu disposé à s'inscrire dans le groupe, préférant la solitude si ce n'est une permanente réserve qui le rend énigmatique aux yeux de ses équipiers. Sur l'expectative, aucun ne lui tient tout à fait grief de cette attitude. Simplement, personne ne court après lui pour s'en faire un ami. Puis, comme il est Écossais, il se déterminerait presque à se faire chambrer pour son économie en toutes choses. Pourtant, en dépit des apparences, le néophyte habitué à l'exil ne s'en laisse pas conter. Entre lui et Maurice De Muer, son directeur sportif, qui ne fut jamais très à l'écoute de ses coureurs qu'il envoyait sans ménagement au casse-pipe, l'atmosphère se dégrade à l'approche du Tour 1982. Doutant de ses capacités sur 3 semaines de course, l'estimant uniquement efficace en montagne, il lui préfère André Chalmel. Ce coup en traître, Millar le venge lors du Tour de l'Avenir qu'il termine à la 2e place derrière l'impérial Greg LeMond. De Muer, sur le déclin, coupé de la génération, doit admettre s'être trompé, mais comme

Robert Millar chez Z de 1989 à 1991 qui devint pour l'État-civil, Philippa York en 2012. (© PresseSports)

L'Écossais n'assuma jamais tout à fait le rôle de leader qui lui fut offert chez Panasonic pendant les saisons 1986 et 87. (© *Miroir du cyclisme*, 1987)

il prend sa retraite cette année-là, il s'en dispensera. En 1983, ses qualités de résistance démontrées sur le Dauphiné qu'il achève à la 2e place, derrière Greg LeMond – encore, LeMond ! Millar s'aligne au départ du Tour au service de Pascal Simon, son leader et ami – il s'est fixé dans la région de Troyes près de chez lui, à Bercenay-en-Othe. En 1985, il y épousera Sylvie Transler dont il aura un fils. Avec Roger Legeay qui avait succédé à De Muer, chez Peugeot, le courant transitait mieux. Son directeur sportif se montrait admiratif de son professionnalisme, de sa discrétion, celle-là même qui irrite parfois dans ce milieu de forts en gueule où la parole opère en relais du muscle, où aux isolés colle le dessein de comploter en douce. En 1984, il boucle le Tour à la 4e place, classé meilleur grimpeur. En 1985, il s'acquitte de la Vuelta à la 2e place, défait les derniers jours par une large coalition des équipes espagnoles. Consécutivement à cette entrave programmée, il récrimine contre Roland Berland, le second de Legeay, qui n'a pas agi pour la contrer, qui n'a pas su s'attacher le concours d'autres éventuelles équipes complices. Encore sous le coup de cette déconvenue, il termine le Tour 11e. À l'intersaison, avec l'assurance d'être protégé, il signe chez Panasonic où il restera jusqu'en 1987. 2e du Giro cette année, meilleur grimpeur, il accumule les places sur les Classiques wallonnes et les courses d'une semaine. En 1988, lassé de la pression qui repose sur ses épaules, il suit Stéphane Roche chez Fagor au service duquel il se met sans rechigner, les deux se connaissent de longue date, leurs origines britanniques opérant, ils forment un duo soudé. Dès ce virage, Millar n'obtiendra plus de grandes victoires, cependant, il sera toujours présent dans nombre de top 5, aussi bien sur les épreuves de type Tour de Romandie, Le Dauphiné, que sur les Wallonnes, Liège-Bastogne-Liège. Chez Fagor, Jean-René Bernaudeau, l'actuel manager de Direct-Énergie se souvient de cet outsider qui l'horripilait : « C'était un mec chiant, il n'était jamais content. La bouffe ne lui plaisait jamais – il était végétarien. » En sept ans de professionnalisme, ancré dans le top 20 du gotha mondial, Millar a eu le temps de se révéler. Respecté au plan sportif, il l'est moins à celui humain, stigmatisé pour son manque de franchise, d'un point de vue global, pour sa complexité d'esprit. Indifférent, il laisse dire. Depuis, ce cap, vers 1990, les langues se sont déliées. François Lemarchand, son coéquipier chez Z à partir de 1989 se remémore : « Plutôt neutre, il était un peu efféminé. » Ce qui en soi n'était pas un reproche. Jimmy Delbove, néo-pro, chez Chazal en 1992, donne sa version : « Lors de ma première année, il m'est arrivé de le croiser sur certaines courses, j'avais un peu peur d'entamer la conversation avec lui ; il m'impressionnait. C'était quand même Robert Millar, le meilleur grimpeur du Tour de France ! Sur l'Étoile de Bessèges, je me suis lancé. J'ai vite vu que ça le gonflait qu'on lui parle de vélo. Il m'a fait comprendre que le cyclisme était son boulot, point barre. Mais quel personnage ! Un garçon introverti mais un sacré champion. » Concernant ses sautes d'humeur, le témoignage le plus éloquent émane de Jérôme Simon, le frère de Pascal, son beau-frère direct : « Ensemble, on pouvait faire 500 kilomètres en voiture dans une journée. Il parlait tout le temps, parfois même trop. Le lendemain, au retour, il ne sortait pas un mot. C'était Robert. » Jack André, l'entraîneur et dirigeant de l'UVC Aube, qui le conseillait, corrobore ce ressenti : « C'était quelqu'un de très renfermé, qui n'accordait pas beaucoup sa confiance. Dans les affaires, il était très méfiant également. » Émigré chez TVM de 1992 à 1994, il raccroche en 1995 suite au fiasco du montage de l'équipe Le Groupement où il avait trouvé refuge.

À la une de *Winning*, l'un des grands magazines de cyclisme en juillet 1985. (© *Winning*, 1985)

Sorti de son purgatoire, l'Azuréen conquit deux fois encore le maillot de grimpeur en 2003 et 2994, alors qu'il représentait l'équipe Quick-Step. (© PresseSports)

Chroniqueur pour *Cycling News*, un mensuel britannique où il signe sous le nom de Robert Millar, ses analyses fines, pertinentes, circonstanciées sont appréciées. Comme beaucoup, tandis qu'il ne s'était jamais caché de ne pas être fondamentalement passionné par ce sport, il s'y était reconverti par la force des choses.

En juillet 2017, tandis qu'il n'apparaissait plus ou peu, retiré en Écosse, sur le site de *Cycling News*, en biaisant, il accomplit son coming-out : « *Cycling News* voudrait vous présenter Philippa York, contributeur régulier du site depuis des années qui écrivait avant sous le nom de Robert Millar. Je vis depuis un temps considérable maintenant dans la peau de Philippa. » En dix ans, depuis sa retraite, les mœurs avaient évolué, il (elle) se sentait plus en condition de se clarifier, d'élucider ses agissements. Dans une interview au *Monde*, en novembre, elle argumentait en ce sens, se justifiant d'avoir eu à batailler dans un milieu dicté par la testostérone : « Pour survivre aux côtés de personnages forts comme Bernard Hinault, Laurent Fignon ou Greg LeMond, je devais être individualiste, et ne pas me montrer faible ou intimidé. Mais ce n'est plus qui je suis, je suis moins en colère et je me préfère maintenant. » Puis, dans le sens de dénoncer une hypocrisie, Philippa argumentait : « Il n'y a pas un cycliste ouvertement homosexuel dans le peloton masculin, alors que, statistiquement, au moins dix coureurs sur la ligne de départ du Tour de France sont homosexuels ou bisexuels. C'est un sport conservateur, dirigé par de vieux hommes blancs, des esprits fermés à des choses qu'ils ne connaissent pas. Il y a quelque chose dans la culture de ce sport qui rend les gens réticents à dire qu'ils sont homosexuels. » Les mâles à la manœuvre en prenaient pour leur grade. Enfin rassérénée, Philippa ne se retenait plus : « Je sais que je suis différente depuis l'âge de mes cinq ans mais cela a pris un certain temps pour mettre un terme à cette différence et savoir comment vivre avec. Heureusement, les questions d'identité sexuelle ne souffrent plus de l'ignorance et de l'intolérance, il y a une meilleure acceptation, une meilleure compréhension. »

Il, elle, n'était pas le premier, la première, à opérer ce bond décisif, dans le sillage du décathlonien américain Bruce Jenner devenu Caitlyn en 2015, ou à l'inverse, de celui d'Heidi Krieger une lanceuse de poids de l'Allemagne de l'Est devenue Andreas en 1997. Et d'autres. Face à cette réalité assez indicible, la conclusion revient à Philippa York : « Avec mon histoire, le grand public peut comprendre que cela puisse arriver à n'importe qui, même si on ne le considère pas comme faible. Une génération a grandi avec moi et peut dire qu'elle « connaissait » un transsexuel. »

Robert, l'insatisfait, Philippa, l'épanouie.

LAZER
Davitamon
QUICK STEP
Davitamon
latexco
Davitamon
QUICK STEP
davitamon

RICHARD VIRENQUE

L'ANGE ET LE GUIGNOL

En brave intrinsèque, le grimpeur se désigne par essence à l'attrait du public. De préférence solitaire sur les pourcentages, il bénéficie d'une exposition privilégiée tandis que sa chevauchée recèle en subliminal les critères idéaux d'une conquête ailée emprunte d'héroïsme. Par son échelle surdimensionnée, la montagne provoque à la grandeur et au lyrisme. Aux quelques de ses dominateurs mythifiés dans le cadre d'un défi grandiose reviennent des superlatifs auréolés, éthérés, Charly Gaul, l'Ange de la montagne ; aériens, Federico Bahamontes, l'Aigle de Tolède. D'une espèce mixte, mi-fils de l'effort humain mi-fils d'un Dieu complice qui lui souffle sa pédalée déliée, le grimpeur exalte les foules auxquelles il livre une lecture simplifiée de la course quand il ne s'agit que d'appuyer plus fort pour semer ses concurrents. Héritier des Vietto, Lazaridès, Dotto, tous méditerranéens bon teint à son image, Richard Virenque s'inscrivait dans cette filiation de conquérants des cimes. Qui monta très haut, qui retomba très bas et qui se releva.

Professionnel en 1991 chez R.M.O., une entreprise de travail temporaire, il s'était installé sur la durée jusqu'en 2004, en CDD pour treize ans, sa suspension entre 2000 et 2001 incluse. Dès ses premières courses à ce degré, au fil d'un tempérament d'attaquant compulsif, il soucie ses directeurs sportifs dont les stratégies sont ébranlées par ses tocades. Venu au cyclisme pour gagner, pour donner libre cours à son énergie, pour brosser son orgueil et sa fierté viscérale, il n'entendait pas se conférer à un anonymat qu'on lui aurait imposé en observance d'une hiérarchie vissée à ses dépens. Son apprentissage employé à fournir des exploits périodiques, il ne pouvait abdiquer sa fougue, son envie d'écraser la une, mélange d'une vocation avérée et d'un goût de paraître. À l'arrachée, il avait enjambé le paradoxe du professionnalisme où il s'agit à la fois d'observer une discipline collective et de se singulariser afin d'obtenir sa place. Cette mentalité d'irréductible puncheur individualiste doublée d'un coefficient de chance considérable l'avait favorisé pour s'aligner sur le Tour 1992, appelé en dernière instance à cause d'une défection dans son équipe.

Richard Virenque qui se fantasmait en une « machine à faire rêver » déboucha dans un cauchemar en 1998 - « Faire ou ne pas faire le pois ! » (© PresseSports)

Il y avait débarqué avec son air de jouvenceau enthousiaste, le teint lisse et mat, l'œil rond, avec sa mine de dessin animé entre celle de Capitaine Flam et d'Albator, de Caliméro, en 1998, quand il n'aura plus que ses yeux pour pleurer sur son sort.

« Faire ou ne pas faire le pois ! » (© Collection privée - Club des supporters)

Enfant de la télé, le bagage scolaire mince, il correspondait mieux à ce profil. D'une éloquence trébuchante, touchante, finalement, pour ce qu'elle recélait de candeur et d'ignorance, à l'image – en dépit de ce handicap qu'il transformera « à son insu » en atout, il avait déjà de quoi plaire. La télé, la caméra, il l'aimait, qui l'aimait autant, et qui se retournerait contre lui en arme chargée. Pour l'instant, tout allait bien.

Précédant ce Tour, assoiffé de gloriole cathodique, il s'était renseigné pour savoir comment apparaître à l'écran, sur un plateau, la chose lui tenait à cœur. L'ex-pousse du Mimosa Sprint de Mandelieu rêvait de lumière, de publicité personnelle. Pour une suite juteuse, il n'avait pas eu tort, déplacé du rang d'un héros enfantin de manga à celui d'une vedette de téléréalité avant la date, sûr de ses effets et de leurs suites, précurseur à sa façon ingénue d'une mise en scène réglée de son personnage. C'est l'histoire d'un gosse un peu brouillon qui va s'occuper à écrire au propre le scénario de son fantasme accompli.

Scène 1, extérieur jour, arrivée de la 3e étape à Pau, le 6 juillet 1992 : l'Espagnol Murguialday le devance au terme d'une étape montagneuse mouvementée ;

Richard Virenque, l'inconnu, endosse le maillot jaune. Sur le plateau d'après-Tour (séquence 1 bis), aux anges, il jubile. Spéciale dédicace, il consacre sa victoire à sa petite amie, se réjouit par anticipation de son retour au bercail, dans trois semaines. Ce jeune page efflanqué à la voix perchée, monocorde et nasillarde, se dresse en vedette médiatique dans une période vacante. À Paris, il termine 2e du challenge de la montagne derrière Claudio Chiappucci, un signe prémonitoire. Recordman en l'espèce, il s'octroiera 7 fois le maillot à pois de 1994 à 1997, puis en 1999, 2003 et 2004. Arrêt sur image, le 15 juillet 1994 – sommet de Luz-Ardiden : il triomphe à l'issue d'une échappée solitaire, premier Français vainqueur dans cette station. Dévoré par les caméras et les flashs, il sanglote de joie. La foule exulte. Les commentateurs, aussi. Il endosse la casaque à pois, sa mise caractéristique sur le Tour, dorénavant. En conquistador, grâce à son panache et à son style chahuté sur les pentes, il éblouit. Pas avare de sa peine, ceint du maillot Festina depuis 1993, il est né le divin Richard – la Virenque-mania déferle partout en Europe. Dans ce contexte, autre scène, en 1995, le 18 juillet à Cauterets : il réitère sur le même mode isolé. Et de 2 étapes obtenues sur le Tour – il en totalisera 7 en fin de carrière, présent à 2 reprises sur le podium final, 3e en 1996, 2e en 1997. À chaque édition, la France retient son souffle qui décèle en lui un vainqueur plausible après Bernard Hinault en 1985. Retour sur un climat général utile pour les rebondissements d'un scénario presqu'anodin jusqu'alors. Depuis 1990, un produit sinue dans le peloton dont le protocole s'est affiné en Italie sous l'égide de son grand sorcier, le docteur Michele Ferrari : l'EPO. Ce dopage moléculaire qui circule dans un semi-secret, en tout cas pour le public, interfère dans la hiérarchie en une ère où des seconds rôles se positionnent, désormais, en gagnants surprises. Les rumeurs conjuguées, le filet se resserre sans qu'encore de prises importantes soient opérées au sein du peloton. Le dopage, la faute, c'est toujours l'autre qui en use, qui la commet. Dans cette enchère au mensonge, à la triche et au trafic organisé, car il ne peut en être autrement pour cette solution qui nécessite du savoir-faire pour se l'injecter autant que de l'entregent pour se la procurer, d'inédites dominations se dessinent. Les moyennes flambent, le cyclisme paraît être, soudain, un sport qui se pratique la fleur au guidon, la lippe à peine fripée au summum de l'effort.

En 1997, sur le Tour, l'équipe Festina au service de son fringant leader exerce une suprématie outrageante. En toutes circonstances, que la route soit plate, en déclivité ou escarpée, il ne tarde pas à ce qu'un, ou plusieurs de ses éléments, jaillisse pour contrôler voire pour déclencher une offensive ou un contre d'envergure. D'une absolue cohésion, l'équipe dirigée par Bruno Roussel, rafle 4 étapes grâce à Laurent Brochard, Richard Virenque, Neil Stephens et Didier Rous. Depuis des lustres, en France, aucune équipe n'avait démontré une telle maestria. Dans le numéro d'août de *Vélo Magazine*, Richard Virenque souscrit avec une morgue souriante : « Sans nous, le Tour aurait été triste. » Or, ça n'était pas tout à fait faux. La France entière développe un amour fou pour cet intrépide qui ne s'encombre ni de modestie ni d'humilité. À l'instar de la plupart de ses congénères du peloton professionnel qui s'estiment intouchables, il ne se tempère pas sur ses objectifs, sur sa procédure et son appétit de succès. Privilégié à l'intérieur de son équipe conçue sur mesure autour de lui, il règne en maître, en chef de meute, en héros télévisuel de l'été, plus conforme au spectacle et à ses lois attrayantes qu'à l'éthique sportive. À la question de savoir comment il se situe dans ce barnum médiatique que ses performances suscitent, il n'a de cesse de répliquer : « Je suis là – on est là – pour faire rêver ! » Une réponse à tout le moins formatée qui manifeste combien lui et ses acolytes bricolant en coulisses sont éloignés des réalités, oublieux qu'ils leur échoient en priorité d'offrir un modèle sinon exemplaire, en tout cas équitable plutôt que fasciner les masses à tout prix, toute morale bannie. Malgré un faisceau grandissant de suspicions, aucun parmi les observateurs ne suppose encore l'ampleur de la supercherie. Quand bien même à peu près tous la subodorent, ils ne détiennent pas d'indices flagrants pour la divulguer. Dès lors, pendant le rêve, les travaux continuent.

Pour une séquence mouvementée de 8 jours entre Dublin et Meyrignac-l'Église en Corrèze, le départ de l'édition de 1998 est donné. S'il ne s'agit ici de reconstituer l'affaire Festina dans les détails, rappelons que le 8 juillet, 3 jours avant le prologue inaugural, le soigneur de l'équipe, Willy Voet, avait été intercepté à la frontière franco-belge, le coffre de sa voiture chargé d'une cargaison d'EPO. Pendant une semaine, ce ne fut alors qu'un interminable bras de fer juridico-judicaire dans une atmosphère viciée où le rêve s'était estompé. Cet après-midi caniculaire du 18 juillet, au café Chez Gilou, en Corrèze, non loin de Tulle, sur l'insistance de la direction du Tour, les Festina sont acculés à quitter l'épreuve. S'ensuit une désolante conférence de presse pendant laquelle Richard Virenque, étrangement blond à cette période, monopolise la parole. Pathétique, lamentable, il clame son innocence, en appelle à la solidarité, bafouille, se reprend, promet son retour puis s'effondre en sanglots, secondé par ses équipiers soudés à sa cause, la leur aussi, qui ne tarderont pas à se déballonner. Les caméras, ses alliées d'usage, le percent en direct, l'exécutent sur place, le dénoncent, coupable par évidence. Fondu au noir.

Cette fois, le Varois descendu de son piédestal avait fini « de nous faire rêver ». Commençait pour lui, alors, une stupéfiante descente aux enfers teintée d'inutiles dénis, d'un acharnement dérisoire face aux autorités judiciaires. Devant le tribunal deux ans plus tard, le 24 octobre 2000, il avouera son forfait organisé. En 2001, sa suspension levée, il repartit à la conquête de son image pillée, régénéré, d'une bravoure intacte. Navrant dans l'outrage, à la poursuite de son aura gaspillée, il allait se montrer magistral, inaliénable, s'attribuant au comble du paradoxe la Classique la plus plane du calendrier, Paris-Tours, en 2001. Sur le Tour, en 2003 et 2004, à 2 reprises, il ramène à Paris son maillot à pois, son maillot fétiche. En 2002, s'offrant le luxe de porter le maillot jaune, une journée, il s'adjugea l'étape du Mont Ventoux, en 2003, celle de Morzine, en 2004, celle de Saint-Flour, les 3 acquises en solitaire comme à son accoutumée. Et l'on sut que, purgé de ses démons, sans supplétif, il était vraiment grand.

Il revenait de loin tant le scandale d'une portée internationale avait résonné. Au plus fort de la tourmente, il ne s'était pas aidé, non plus, lorsque sur les marches du tribunal, s'étant pris la langue dans le palais, il avait déclaré tout de go à la presse s'être dopé « à son insu de son plein gré »– en fait, il avait amalgamé la recommandation de son avocat qui lui suggérait d'avouer qu'il s'était retrouvé dopé à son insu, et non de son plein gré. Chanceux encore, malgré lui, cette déperdition sémantique fut à l'origine de sa célébrité ravivée tandis que les Guignols de l'info sur Canal Plus jouaient de sa marionnette et de cette expression entrée dans tous les lexiques humoristiques désormais – à mon insu de mon plein gré.

À s'imaginer au-dessus des lois dans un univers clos où les mœurs fermentent, où les us se fomentent à l'abri, en chef de bande avide de ses bénéfices, Virenque se sera coupé les ailes. En repentant, débarrassé de sa frime, l'opprobre effacé, il les aura récupérées.

Qui de l'ange ou du guignol survit dans les mémoires ? Un Virenque peut toujours en cacher un autre....

Sport & Fitness System
JDK
LONDERZEEL
052/30 52 91

FRANK VANDENBROUCKE (1974-2009)

D'ART ET DÉCÈS

Lancé sur les rails d'une carrière d'exception, VDB-TGV n'aura cessé de dérailler. Destiné aux merveilles, il en accomplit mais aux prises avec ses démons obstinés, hâtant sa fin tragique, ceux-ci le supplantèrent. Entre deux extrémités antagoniques que sa nature fluctuante bornait, l'ardeur et l'inconséquence, il ne se trouva jamais, autant génial au summum de l'exploit qu'instable dans sa menée professionnelle, inopérant à digérer les épreuves de l'existence. Qu'il fût intelligent ne changea rien à la donne. À promettre en continu le meilleur, il se cantonna la plupart du temps à décevoir, à se décevoir comme si, *in fine*, dans cette déveine orchestrée, il aboutissait à trouver son compte. De qui Frank Vandenbroucke avait-il peur, sinon de lui-même, son meilleur ennemi dans la glace ? Par délectation d'un narcissisme morose, il se sera entêté à détruire au quotidien ce qu'il avait bâti la veille. Et, c'est ainsi qu'il sombrât.

Chez les Vandenbroucke, originaires de Wallonie, le cyclisme c'est une transaction familiale depuis 2 générations. Le père, Jean-Jacques, professionnel furtif exerce comme mécanicien au sein d'équipes, l'oncle, Jean-Luc, professionnel entre 1975 et 1988, véhiculait l'image d'un homme pondéré, lucide, celui-même, protecteur, qui l'accueillit en 1993 dans l'équipe Lotto dont il assumait la direction sportive, rapide à l'avertir des embûches d'un sport complexe au plus haut niveau. Cependant, le neveu n'en aura pas tenu compte, tout feu tout flamme, et qui, les saisons allant, s'embrase et verse de loin en loin dans le dérangement.

Signé chez Mapei par Patrick Lefevere, en fin de saison 1998, grâce à de probants succès sur les courses d'un jour, VDB se hisse à la 9e place du classement UCI. Beau, jeune et fringant, il déchaîne les superlatifs liés aux espoirs rugissants qu'il fait naître dans son pays, partout, en Europe, où l'irruption d'un champion précoce exerce une constante fascination. Seulement, voilà, et la suite le démontrera, il est à peu près patent que cet éphèbe à l'échine souple, à la pédalée déliée, d'une blondeur relative à son inconstance, ne possédait pas le ressort mental pour s'acquitter de cette promesse détournée qui l'expédia par un effet pervers dans les bras de l'échec aux multiples entrées.

Entre gloire et revers, entre contrition, remords, et l'espoir fou d'un retour, sans cesse Frank Vandenbroucke ne connut que des passages. [© PresseSports]

Fréquentations approximatives, frasques répétées, déboires conjugaux, passions furtives qui le dévorent de l'intérieur, confronté à son moloch, le jeune homme se consume à petits feux, d'abord, dès 1999, après son étincelante victoire dans Liège-Bastogne-Liège et sur 2 étapes de la Vuelta, puis, en accéléré, ensuite, à partir de 2002 lorsque l'équipe Domo le congédie pour une affaire de produits dopants. L'expression la plus bête au monde « et pourtant, il avait tout pour être heureux » en retrouverait presque ici son sens littéral et bonifiant, tant, effectivement, il paraît insensé qu'un être aussi nanti à divers degrés puisse à ce point jouer de la roulette russe à trois balles chargées sur un barillet de cinq. Et comme il se loupe à ses premières tentatives, il faut considérer qu'il est chanceux. À confondre les portes dérobées des antennes pharmaceutiques achalandées, à prendre celles des boîtes de nuit pour celles d'un dispensaire, il s'absorbe dans un monde parallèle où incontinent, perdu, il s'offre à ses addictions multiples. Sur cette voie tragique, l'Italien Marco Pantani l'a précédé au cimetière, il devrait s'en souvenir, or, ce n'est pas faute que sa hiérarchie et ses proches l'aient planté face à ses responsabilités qui le fera varier. Toutes écoutilles fermées, en 2004, VDB s'essaye à en finir. Sur une pulsion morbide et spectaculaire, ceint d'un maillot arc-en-ciel de champion du monde en sa possession, il ingurgite une mixtion d'insuline versée dans un magnum de Pétrus 61 – 61, année où il plaît au narrateur de rappeler que Raymond Poulidor, la santé faite homme, coiffait de 3 secondes le champion belge Rik Van Looy à l'arrivée de Milan-San Remo et que, cocktail d'optimisme et de décontraction, naissait Greg LeMond.

Depuis 2000, conséquemment à son passage chez Cofidis où il s'était ingénié à suivre Nico Mattan, son mauvais ange, sur la piste de sales substances à gober, déjà, son crédit s'amenuisait. Cependant, il voulait croire à sa rédemption. Dans cette optique, nombreux sont ceux encore qui lui tendirent la main, les dirigeants de l'équipe Lampre (2002), de Quick-Step (2003) puis de Fassa-Bortolo (2004). Jusqu'en 2009, tombé en déshérence, il intégra au moins 4 équipes bancales au sein desquelles il se dépréciait, spectre de lui-même, n'hésitant pas à usurper une identité fabriquée pour s'aligner au départ d'une insignifiante cyclo-sportive italienne en 2006. En juin 2007, dans un état déliquescent, esseulé, sa femme l'a quitté, encore titillé par l'idée du suicide, il connaît l'internement psychiatrique. Contre l'évidence, avec un reste de superbe pathétique, dans la presse belge, il nie cette réalité. Gorgé d'anxiolytiques et d'antidépresseurs, il avait tenté de se trancher les veines. Démuni, sa fortune dilapidée – pendant deux ans en 1999 et 2000 chez Cofidis, il empocha 1 million d'euros par an –, pour 2008, il annonce la sortie d'un livre révélation dont le titre prodigieux *Je ne suis pas Dieu* résonne de l'ampleur de son chantier intérieur. À trop vouloir s'absoudre de cette dimension qu'aucun ne lui inflige, en vérité, il tendrait presque à prouver son irréalisme, piégé à l'image délirante qu'il conçoit de sa personne. À 34 ans, il caresse l'espoir récurrent de réintégrer le gotha qu'il a côtoyé par intermittence, nanti de l'ébauche d'un palmarès signifiant : Liège-Bastogne-Liège, le Het Volk (1999) ou, en amont, Gand-Wevelgem (1998), le Grand Prix de Plouay (1996), Paris-Bruxelles (1995), etc. 6e de Paris-Nice, 7e de la Flèche Wallonne en 2004, depuis 5 ans son nom a disparu des résultats. En juillet 2007, il répond à un journaliste de *Paris-Match* venu le visiter à son domicile, qu'il a éconduit puis accepté de revoir à Paris. Laminé, éludant les questions autour d'affaires de dopage où il est régulièrement cité, il s'amende, l'heure de la contrition sonnée « On vous promettait une grande carrière que vous n'avez pas eue. Que regrettez-vous aujourd'hui ? » : « D'avoir été trop fainéant, de ne pas avoir fait de sacrifices au moment où il fallait. Jusqu'à un certain moment, je faisais ma route, je prenais mes décisions seul. On a dit que j'étais arrogant. Mais quand je gagnais, c'était beau, c'était à la James Dean. J'avais des ambitions, peut-être trop grandes. »

En dépit de son envoi pondéré, par ce rapprochement de deux destinées via procédures liées, *a posteriori*, la perspective sous-jacente d'une fin approchante filtre ou bien, encore, le fait qu'il se soit fantasmé en un héros de légende, rongé par la mégalomanie et l'impuissance à la satisfaire.

Sa dernière victoire, il l'obtient dans la 2nde étape des Boucles de l'Artois, en 2009, une victoire à tout le moins modeste à l'aune de l'équipe italienne Cinelli-OPD qui l'a recueilli. Sur un coup de tête – fragile et embué–, il raccroche.

Le 12 octobre, à Saly, une station balnéaire au Sénégal, il est retrouvé mort dans sa chambre, des somnifères et des anxiolytiques stationnent à la tête de son lit.

S'affliger davantage serait bien mortifère et de mauvais goût. Au panthéon des talents foudroyés, VDB reste comme le projet invalidé d'un champion en herbe, et pour cette raison, toujours neuf et pur.

Aux êtres trop doués, le malheur n'attend pas le nombre des années.

Gitane
Sibille

ERWANN MENTHÉOUR

AU NOM DU FRÈRE

Les fratries en cyclisme se perpétuent d'usage par une relation miroir entre le cadet et l'aîné, entre celui qui ouvre la voie et celui qui la suit, entre l'éclaireur et le disciple, le second désireux par une sourde admiration de l'imiter jusqu'à la confusion. En guise de précédents, les Pélissier se chargèrent de le prouver. En continu, Francis collait aux basques d'Henri auquel il se soumettait, à la fois son homme-lige et bas exécuteur de ses désidératas discutables. D'ailleurs, l'histoire retient les Pélissier, d'un bloc, Henri et Francis soudés, le 3e, Charles, émancipé, distingué par un prénom. D'un rappel édulcoré, à la suite, on dénombra les Lapébie, les Bobet, les Darrigade, les Simon, les Madiot, et près d'eux, pour au moins deux raisons, les Menthéour : l'aîné, Pierre-Henri, fut le coéquipier des Madiot chez Renault Gitane, en 1984, le cadet, Erwann, courut furtivement à la Française des Jeux, en 1997, dirigé par Marc. À ce détour, notons qu'en à peu près règle générale, l'aîné s'arroge le meilleur palmarès. À ces duos ou trios – les Simon –, couramment s'attachent des territoires, aux Lapébie et aux Darrigade, le Sud-Ouest, aux Simon, l'Aube, aux Madiot, la Mayenne, et aux Bobet et Menthéour réunis, la Bretagne.

Pierre-Henri, l'aîné, né en 1960, treize ans avant son frère, Erwann, avait débarqué chez les pros en 1982, 52 victoires accumulées chez les amateurs où il faisait l'effet d'une terreur. Battu d'un rien lors de l'arrivée de l'étape d'Orcières-Merlette, du Tour 1982, pour une entrée fracassante, il se rate. En 1983, à vingt-trois ans, lorsqu'il remporte la 9e étape du Tour de l'Avenir, les espoirs placés en lui semblent se justifier. Jusqu'alors évoluant dans une équipe de bric et de broc, Coop-Mercier, il paraissait s'éteindre. Lorsque Guimard le récupère en 1983, il mise que ce renouveau va susciter un électrochoc, une remise au sérieux qui manque singulièrement à sa recrue. Au Nantais, de source sûre, on ne la joue pas à l'envers, le Brestois se doit de l'intégrer. Mise au point effectuée, les objectifs cernés, Menthéour sait ce qui l'attend dans l'armada jaune et noire, en 1984, dont le patron théorise que l'individu, seul, s'exclut du groupe, et non le contraire. Avis à l'intéressé. En à peine 3 ans, il s'est bâti l'aura d'un fantaisiste, d'un dilettante usant d'un charme spontané dont il abonde, séducteur en toutes occurrences. Ce frère aîné, ce champion qui rafle la 13e étape du Tour, en 1984, Erwann, 11 ans, en colonie de vacances, cette année-là, l'admire, l'idéalise. Des années plus tard, il ne se lassait pas de se magnétoscoper cet exploit. Pierry, son diminutif,

Pour l'histoire du dopage, Erwann Menthéour reste l'un des premiers coureurs cyclistes pris en 1997 avec un taux d'hématocrite supérieur à 50 %. (© PresseSports)

reclassé chez les amateurs en 1987, Erwann en pleine ascension, ils se croisent dans les pelotons armoricains. Protecteur, l'ancien pro est attentif aux menées de l'apprenti. Quelque peu écrasé par la notoriété persistante de son frère, Erwann, frimeur, dévergondé, ne manque aucune occasion de se signaler. Les Menthéour forment une famille originale, où les neurones grésillent, où la témérité régie par l'anticonformisme opère : d'origine pied-noir, d'Alger, les deux premiers enfants y sont nés, dont une fille, le père fut agent du renseignement, sur place, pendant les « événements », la mère d'ascendance italienne, classieuse, chante l'opérette, enseignant ses enfants à lire. D'un degré d'ostentation appréciable, Erwan cite volontiers Nietzsche, Stendhal. Sans égal au karaoké, il se transcende dans *Honesty* de Billy Joël. S'il n'avait pas été coureur, il se serait d'ailleurs imaginé « dans le domaine des arts », « des affaires ». Volubile, avenant, nous sommes en 1997, en dépit de son assurance souriante, il émane de lui une sorte de malaise au contact d'un milieu qu'il aurait tendance à dégommer vite, un milieu restreint, archaïque, trop empreint de valeurs obsolètes – lesquelles ? Se sentant mandaté pour interférer en faveur d'une vision régénérée, même sans grade, il se détermine à mettre un coup de pied dans la fourmilière. Résolument à part de sa promotion, et du peloton, on a envie de l'écouter, il possède un évident sens de la persuasion. Nanti de toutes les qualités requises d'un homme de spectacle - spectaculaire, au sens large, au moins –, il sait se concilier les observateurs, plus que ses dirigeants, estimé de ses collègues sur le bitume. Annoncé en petit génie, qui tarde à bouillir, il paraît suivre les brisées distantes de Pierry qu'il ne manque jamais d'évoquer au détour d'une phrase, sincère, émouvant, sous cet aspect. Du spectacle aspiré, il va en produire, en ce début de printemps, et pas forcément du meilleur, au départ de Paris-Nice. Les contrôles se sont resserrés. 48 heures plus tard, le prologue évacué, relié à 2 autres lascars Luca Colombo (Batik) et Mauro Santaromita (MG), il est pointé avec un taux d'hématocrite excédant les 50%. Chacun qui avait cru à ses allégations la main sur le cœur de jouer différent, tombe de haut. Non qu'avec Colombo ou Santaromita, il ait été le seul à se truquer, seulement il avait eu le désavantage d'être tiré au sort en cette période désastreuse pour le cyclisme tuméfié.

Parce qu'il souffrait d'une étiquette relative en franchissant le Rubicon, il s'était trouvé embauché dans des petites formations dont celle d'Aki-Gipiemme, monégasque puis italienne, où il avait accompli ses classes en pot belge « la bombe atomique du dopage ». « Tonton-Tintin-Riri-Mémé » pour Tonédron, Pervitin, Ritaline, Méthédrine, les amphés puis EPO, il dominait son sujet – comme la plupart. Suspendu brièvement, il revient à la compétition. En fin de saison, à 24 heures de l'arrivée du Tour de l'Avenir, le maillot de leader sur les épaules, pris dans une chute, il se casse le poignet – double fracture. Une seule victoire au compteur chez les pros, la 4e du Tour de l'Avenir 1997, dans la peau, c'est-à-dire le rôle d'une victime, il tire le rideau. En virtuose de la duperie, il a fini d'amuser la galerie.

Deux ans hasardeux de professionnalisme derrière lui, en 1992, le Breton avait été récupéré dans l'équipe Aki-Gipiemme.
(© CP promotionnelle Aki-Gipiemme, 1992)

Rangé des pharmacies, il s'adonne à l'écriture d'un livre-confession, *Secret défonce*. À sa sortie, l'ouvrage au vitriol défraie la chronique tandis que les ventes grimpent, elles atteindront 115 000 exemplaires. Regardé en mouton noir, il essuie les quolibets du métier éclaboussé à raison. Ce jeune homme contrit, que personne ne força à la faute, capable d'en remontrer à pas mal, concentre les feux sur lui. À son aise, face aux micros et caméras, s'il ne se livre tout à fait au show du repentir, il se pose en chevalier d'un romantisme perverti, en héros expiatoire d'une cause suicidaire qu'il a voulu fuir. En juillet 1998, lorsqu'éclate l'affaire Festina, brassé dans la lessiveuse médiatique, bien que s'en défendant, il s'intronise en chevalier blanc qui lave plus blanc, en lanceur d'alerte précurseur. On peut tout lui reprocher, sauf de n'être pas brillant, de ne pas flairer la situation, de ne pas susciter l'empathie, expert en rhétorique travaillée, captant, par surcroît, la lumière et son auditoire grâce à son physique étudié de corsaire dépeigné. Pour un bond médiatique, au service de son intérêt, il n'a rien laissé au hasard. Par ses formules chocs et ses aveux secs, pris dans la seringue du scandale lucratif et retentissant, il ne tourne pas autour du pot, présent sur tous les plateaux de talk-show ; sur celui d'Ardisson qui cite un extrait de son best-seller : « Si j'avais lu ce livre à quinze ans,

De l'estomac, en avoir ou pas ? À vos tablettes ! Erwann Menthéour n'en manque pas. (© *Men's Fitness*, mars 2018)

je n'aurais jamais fait de compète. » ou, encore « À 20 ans, si on m'avait dit pour gagner le Tour de France, tu bois un litre de gasoil, pour en gagner deux, j'en aurais bu deux. » Judicieuses autant qu'indéniables, ces mises en garde avaient de quoi réfrigérer. Curatif et bon pour la santé, le brûlot s'imposerait presqu'en viatique pour les prétendants aux podiums de tous les sports. Après tout, agréant, Menthéour II ne faisait que saisir la balle qu'on lui lançait, tout bénéfice promotionnel considéré. Limpide, l'œil soyeux, débarrassé de sa « junkitude », en petit prince sur le retour, à 25 ans, il se déculpabilise, se défausse du côté de l'intime, sur le terrain psychanalytique, presque, allègue-t-il. Trop fort ! Champion d'une pérestroïka du braquet chimique, angélique, rasséréné, d'une extrême compassion envers ses anciens collègues du peloton continuant censément à se détruire, il déroule du câble à haute intensité révélée.

Au bout de son réquisitoire sur la durée, bientôt, assouvissant sa soif inextinguible de célébrité, exploitant son effective aptitude à chanter, il va se consacrer aux couplets, encore que pour prétendre être chanteur, il ne faille pas simplement bien tenir la note. Un album sorti chez Universal, en 2004, *Un ange, un frère, une sœur*, il fera long feu.

Lorsque Pierre-Henry, son frère aimé, décède en 2014, fauché par un cancer, il est ravagé. Pris en flagrant délit de vérité, il bouleverse. Respect pour l'homme intérieur qui tranche sur celui, bodybuildé, sorte de Hulk en tee-shirt, qui sévit, dorénavant, dans le bien-être, le fitness, qui dispense ses conseils baraqués dans les talk-shows, jamais avare d'étendre ses vues, et qui, pour peu, s'instaurerait presque en visionnaire éclairé – à être du parti des honnêtes gens désireux d'une vie saine, de celui des enfants concernés, pour un marathon de la bien-pensance, on ne peut pas se compromettre, encore faut-il être habilité. En notre époque de basse fréquence humaniste où le bien-être corporel se vend pour une vitamine didactique, un complément altruiste, il sera devenu un champion du biscoteau – philosophique, spirituel.

Transi d'admiration pour ses voltes successives, ses roulés-boulés médiatiques, sa disposition à rebondir, ainsi que concluait l'une de ses critiques, Claude Fléouter : « On voudrait être Shiva pour l'applaudir à douze mains ! » Un élément reste patent, si le cyclisme aurait très pu se dispenser de lui, le contraire, non. La repentance est mère de toutes les malices, quand, de mémoire, citant en substance Saint Augustin, il suffit d'avoir été pour ne plus être – Heureux, donc, celui qui ayant tourné le dos au vice se retrouve *de facto* dans le camp de la vertu.

castorama
Fimex
kutxa
121

ARMAND DE LAS CUEVAS

UNE OMBRE AU TABLEAU

À fleur de peau, à fleur de cœur, écorché vif sur la durée, De Las Cuevas ne se sera pas simplifié l'existence en épousant la carrière – en eut-il embrassé une autre qu'il ne se la serait pas arrangée quand même. Rétrospectivement, pas mal d'éléments convergent pour le suggérer. En surdoué annonciateur des lendemains étincelants, de ceux par lesquels aux marches d'un règne zélé on entrevoit un brassage à brève échéance de la hiérarchie, il dominait sans partage. Le cyclisme, il ne l'avait pas choisi, son père lui avait imposé, la source probable à la clef de ces noces ratées. Pas très assidu sur les bancs de l'école primaire, le cyclisme livré en échappatoire, il s'était instauré en cador chez les cadets. En devoir de conserver son rang, d'honorer ses promesses, cet avènement renforçait sur ses épaules une pression inédite. Dans l'absolu, il se rêvait boxeur, sa morphologie ramassée d'un lutteur l'y aurait autorisé –en 1988, pour préparer sa première saison pro, en vue des pugilats décisifs qui l'attendaient, il s'entraînait dans une salle de sa région.

Licencié d'abord, à l'ASPTT Troyes, il était arrivé à Bordeaux en 1983 pour la plus grande gratification du comité d'Aquitaine sur l'échiquier national, une dizaine de courses glanées d'emblée. En 1984, il en remporta 18, 20 en 1985, et plus de 30 en 1986, à dix-huit ans à peine sonnés. Jusqu'en 1988, il s'en adjugera encore plus d'une trentaine. Entraîné par Victor Carneiro, le CC Marmande 47, qui forma un paquet de futurs professionnels, ne pouvait que se flatter de le compter en son sein. Grâce à l'intercession du professionnel Dominique Arnaud, ami de Carneiro, auprès de José-Miguel Echavarri, le manager de la Reynolds-Banesto, l'imprévisible Armand avait été recruté dans l'équipe espagnole dévouée à Pedro Delgado, sur le déclin, autant qu'à Miguel Indurain en passe de devenir bionique. Rompu à gagner, à manœuvrer à sa guise chez les amateurs, se soumettrait-il aux mœurs professionnelles assignées, avec ses impératifs commerciaux, régies par une sorte de box-office, chacun à sa place réglée. La question restait posée. Cornaqué par Dominique Arnaud, l'expérimenté, chez Banesto, dorénavant, il peine pourtant à inaugurer un palmarès, il lui faut attendre 1991 pour se couronner champion de France, remporter le Grand Prix de Plouay. Ingérable comme c'était à redouter, sous l'éteignoir, il aiguise son asocialité qui dérange. Si, d'audace, quelqu'un vient à le sermonner, l'œil sombre et miné du colérique

Attendu comme un ouragan dans la sphère professionnelle, au fil d'une météo personnelle perturbée, il n'y déclencha que des orages. (© PresseSports)

En trois saison, entre 1993 et 1995, l'alliance De Las Cuevas-Guimard aura fait long feu. [© CP promotionnelle Castorama, 1994]

qui rumine, il a de quoi l'en dissuader. À part, mais surtout marginal, comme il dédaignera toujours cette étiquette, il mouline ses plans secrets, se défie du collectif, se consolant à son aune du tort qu'il se porte. En 1991, sur le Giro, excédé par un Colombien, il lui expédie un uppercut – le boxeur en lui sommeillait toujours. Après coup, il commente : « C'était une connerie, mais il m'avait cherché. J'assume. » Le concernant de près, turbulent, frondeur sont des mots qui viennent spontanément, encore que celui de caractériel collerait davantage, mieux, bipolaire ainsi qu'on qualifie, dorénavant, les intempérants, les agités agis par leurs pulsions. Impulsif, certes, mais pas primaire, il s'abîme dans la lecture, s'exerce à raisonner à voix haute si le cœur lui chante, capable de discourir sur pas mal de sujets avec la superbe d'un réprouvé de façade. En instinctuel, il sait tenir la dragée haute à ses contradicteurs, professer ses théories propres. À tout le moins, c'est un original. De ses tocades et de son indépendance systématique, bientôt, Indurain s'en lasse. Entre le leader navarrais, taiseux jusqu'à l'effacement, et le Galicien d'origine aussi bouclé, mais démonstratif, le clash était inéluctable. En 1993, avec l'approbation de José Miguel Echavarri, son contrat chez Banesto est résilié. Sur la proposition de Dominique Arnaud, Cyrille Guimard l'engage chez Castorama. Féru de psychologie, instruit en dynamique de groupe, l'ancien mentor d'Hinault ne se laisse pas déborder facilement. Habile à filer entre les mailles, même serrées, de son nouveau directeur qui l'observe, le teste, De Las Cuevas persiste à sa façon, capable de fédérer autour de lui, et ce en dépit de son coefficient d'indépendance. Il est adroit, c'est-à-dire intelligent. Retors à point nommé, d'un aplomb et d'une volonté aveuglée, sa dernière année sous contrat chez Castorama, en 1995, à la suite d'une chute aux Quatre Jours de Dunkerque où il s'est brisé la clavicule, il est opéré. Le lendemain de l'intervention, il exige un *home-trainer* dans sa chambre pour s'entraîner afin de ne pas rater le départ du Giro pour lequel il s'est préparé méticuleusement. Contre le staff qui lui déconseille cette thérapie inconsidérée, déchaîné, il aura gain de cause, condamné à l'abandon une semaine plus tard. Se remémorant cette passe tendue, Pascal Dubois, directeur sportif adjoint chez Castorama, confirmait : « On a bien essayé de le raisonner. Mais ça ne servait à rien. On s'est inclinés. Je ne sais pas ce qui se serait passé si on le lui avait interdit… » Implacable, pugnace au mental, d'une puissance physique affirmée, De Las Cuevas n'était pas un petit coureur, vainqueur entre autre du Grand Prix des Nations 1993, de la Clásica San-Sebastian, du Tour de Burgos d'une étape du Giro, 9e au général, en 1994, du Trophée des grimpeurs 1995, du Dauphiné 1998. À ne pas amalgamer l'homme torturé et le champion par à-coups, c'est malgré tout le premier qui demeure dans les mémoires où il s'est enraciné par ces écarts panachés, ses fantasmagories, sa propension mystique. Tourné vers la nécromancie, l'irrationnel, d'un syncrétisme singulier, il portait autour du cou, un Christ magistral. En 1994, consécutivement à sa victoire lors d'une étape du Giro, à la presse, l'air assouvi, sur un ton pénétré de grâce, il avait lâché : « J'ai vu la lumière ! » Ce jour-là, il avait aidé à se trouver catalogué du côté des illuminés flamboyants. Croyant à l'extrême, à sa dévotion il ajoutait la superstition. Vainqueur de Paris-Camembert 1994, une année souriante, il confie son bouquet à Guimard. Revenu d'une course par étapes, une semaine plus tard, il lui réclame pour aller le porter sur une tombe, ayant promis au défunt cette

Un peu Caliméro, un peu cow-boy, tout Armand en somme. (© CP promotionnelle Castorama, 1995)

offrande. Le bouquet défraichi, fané, et même pourri, son dépositaire le reconstitue de son mieux, lui redonne. Encore à ce souvenir, Cyrille Guimard élargit : « Avec son charisme, car il en avait un, même obscur, avec ses capacités d'influencer, son pouvoir de s'attacher des adeptes, il aurait aussi bien pu diriger une secte. » À sa manière d'expérimenter la grâce, ses appuis aspirés de l'autre côté du miroir, il aimait jongler avec le feu, avec les lames. Un soir d'étape où partageant sa chambre avec Jean-François Bernard, il s'évertuait à planter un couteau au plafond, celui-ci le met en garde contre une éventuelle retombée sur sa cuisse, du côté de la pointe. Et, bravache, tout à son pari absurde, De Las Cuevas de lui rétorquer : « Et, alors ? C'est le jeu ! » En afflux de ses croyances, il se délectait à chatouiller le sort. Dans sa bulle, en personnage public, il n'admettait pas d'être apostrophé par ses inconditionnels ou interpellé par les journalistes dont aucun ne possédait son numéro. À l'instar d'un Fignon, son modèle en la matière, il se recroquevillait derrière son agent de fait, Dominique Arnaud qui filtrait. S'estimant vivre suffisamment auprès d'eux pendant la saison, il ne tolérait guère leurs immiscions en différé ou en direct. À l'un d'entre eux qui s'était permis de lui demander le prénom de son chien qu'il mettait en avant lors d'une conférence de presse, il s'était braqué sèchement arguant que ce fut un élément de sa vie privée qu'il n'entendait pas divulguer. Or, il ne plaisantait pas. Dans toutes les équipes où il fut engagé, par ces divers débords renouvelées, il finit par laminer son entourage. Cependant, pour une saison de rattrapage, il était retourné chez Banesto en 1998. Avec un palmarès moindre en comparaison de son talent, il s'éteignit en 1999, dans une modeste formation italienne Amica Chips.

En perpétuel dissident, première victime de son comportement déstructuré, un tantinet suicidaire, au moins sur le plan sportif, il se sera privé d'une carrière dorée dont il possédait l'envergure. À l'un de ses intervieweurs, en 2010, l'ultime disait-il, car il ne daignait plus se retourner sur son parcours pro, il concédait : « Mes coups de gueule m'ont fait un tort énorme. Je suis certain qu'en restant plus docile cela se serait mieux passé pour moi. » Encore qu'en amorce, il ait spécifié : « Si c'était à refaire, j'éviterais surtout la franchise car elle ne se pratique pas dans ce milieu. » Muré, la nuance ne lui était toujours pas apparue.

Ardent et fin lecteur, peut-être, un jour était-il tombé, sans s'y attarder, sur un livre d'Anne Barratin, une écrivaine très pieuse qui, en 1913, dans son opus *De toutes les paroisses*, enseignait : « Sois franc, sans tout dire. »

Là, réside la solution.

(© *Miroir du Cyclisme*, 1994)

FURLAN GIORGIO

DE LAS CUEVAS ARMAND

VOTRE SUPER-COLLECTION MIROIR

REYBROECK GUIDO

GUTIERREZ ALFONSO

Casa3

MARIO CIPOLLINI

PLUS BEAU, LE PÉPLUM !

Avec son petit nez rond, son allure pas commode, et parfois sévère, en Caligula des sprints au poignard, pour un péplum transposé il aurait mérité un César. En Italie, où ce genre culmina, rien de plus normal qu'il ait germé dans l'imagination des cinéphiles juniors dont Mario Cipollini tira son image d'anticonformiste, à moins qu'en spontané, d'un physique rentable et propice, il se la soit forgée seul. À la carrure, il ne passe pas inaperçu, grand, dépassant d'une tête la moyenne, des cuisses ultra nouées, un long buste, un visage qui l'est autant, en forme d'un plâtre à la Modigliani – restons italien. À ses débuts, en 1989, une tignasse châtain frisée le distingue davantage avant qu'il n'opte pour le tour d'oreille dégagé, la coupe courte, la patte effilée, la gomina. À s'intéresser à sa personne, on se contenterait, déjà, de la commenter au physique – mannequin pour photo glacée et athlète pour sprint virulent confondus. Si à l'Italien, on accorde l'extravagance et le goût sûr de l'incartade, alors, celui que ses inconditionnels révéraient en Il Magnifico le manifeste en plein. Encore faudrait-il ici départager la part de chiqué de celle sportive de Super Mario – son autre surnom, aussi conforme en héros de jeux vidéo. Parce que le cyclisme n'est ni du cinéma ni un jeu à la console, parce qu'à sa manière hautement désinvolte, il l'honora ; il importe de poser qu'au terme de sa carrière, en 2005, soit après 16 ans d'exercice, il comptabilisait 165 victoires – une paille ! Ces succès, évidemment, pas tous comparables, il les avait glanés au sprint, et souvent en rafales, aux incidences de son caractère inconstant – calculateur, pour ses détracteurs. En 1999, sur le Tour, il rafla 4 succès d'affilée, la plupart engrangés la première semaine, et pour cause, puisque son quota atteint, il préférait s'éclipser. Plus grande course du monde ou pas, le Tour rétrogradait au deuxie rang de ses préoccupations après le Giro, son épreuve de prédilection où il épaississait son miel – 42 victoires d'étapes totalisées à domicile, il s'inscrit en record. Homme des challenges rutilants attiré par le standing, il aimait qu'en retour lui reviennent les bénéfices de son investissement sportif qu'il traduisait en parts publicitaires tel un syste juteux qu'il aurait eu tort d'un point de vue strictement financier de ne pas breveter. Entre le Tour et lui, ce fut une histoire contrariée. 4 fois non grata au départ pendant les années de plomb où l'EPO sévissait, il était considéré par les organisateurs comme l'un des fleurons du délit. À tort, à raison ? Retenu dans l'affaire Puerto, en 2013, caché sous le pseudonyme de Pavarotti, un ténor, sur les listes du Docteur Fuentès, selon le journal *La Repubblica*, il reconnaîtra au plus avoir recouru à

Quand Super Mario se prend pour Narcisse ou le contraire. (© PresseSports)

des transfusions sanguines. Hâbleur, d'un sens relatif de l'engagement, sur la Vuelta, il suivra une ligne aussi erratique que sur le Tour. Après s'y être signalé en 1994 par une chute provoquée par l'un de ses équipiers, il y reviendra en 2000. Cette édition, excédé par l'Espagnol Francisco Cerezo, de la Vitalicio-Seguros, il lui avait expédié un direct, immédiatement congédié. De retour en 2002, il capture 3 étapes puis abandonne. Les organisateurs échaudés invitent son équipe en 2003, à la condition *sine qua non* qu'il y soit présent. 24 heures de figuration, il se défile. Il n'y reviendra plus. Vif au pugilat ou au jet d'ustensiles si on l'y poussait, sur Gand-Wevelgem, il avait bombardé d'un bidon un motard importun comme sur Milan-San Remo en 1994 où s'estimant lésé par la voiture de l'organisateur lors du sprint, il avait opéré à l'identique sur son pare-brise. Cette Classique enviée plus que toutes, qu'il désirait offrir à son frère Cesar, son aîné, son inspirateur, pro de 1978 à 1990, il la décroche en 2002. Dans un pays qui dégaine les superlatifs à la célérité d'un colt, en exécuteur et justicier d'un peloton regroupé, voici qu'il est désormais, le Shérif, et comme il rugit, par un détour chez Walt Disney, voici qu'il est en enchère, « Il re leone », le Roi lion. Avec lui, tout se traduit en images, en spectacle.

Sur la plaque, il excelle à tricoter un sprint, cette spécialité aléatoire de haute vindicte, dévolue aux explosifs, aux exaltés, aux inconscients, équilibristes, rois de la chicore sur le 12 dents, aux dingues emballés en vue de la banderole, et de plus loin, encore, quand aux 20 bornes l'aiguille au compteur ne redescend plus en dessous de 60. Pour s'inviter à ce débat, non seulement, il faut être doué mais aussi attester d'un mental trempé, quand le cœur suspendu au maximum des pulsations se serre et que les nerfs opèrent en soutien, quand la moindre courbe se négocie à tombeau ouvert et que pour couper la ligne en tête, d'un millimètre, parfois, il faut accepter le risque de mourir. Rien de moins. Entre toutes, le sprinter s'apparente à une espèce mutante, fils de la poudre et de la colère, messager sublime de la violence faite vitesse. Mario Cipollini possède tous ces atouts qu'il assaisonne d'une équipe à sa dévotion, d'un train, rouge, celui de la Saeco, héritier de celle de Van Looy chez Solo-Superia, rouge, aussi, qu'il a réactualisé. Dans ces défis ferroviaires parallèles, pour ces parties de bielles huilées, où chaque équipe impliquée mène son train, il peut s'appuyer sur de sacrées cylindrées en les personnes de Giuseppe Calcaterra, Gian Matteo Fagnini, Giovanni Lombardi, Eros Poli, et entre tous de Mario Sciréa, resté près de lui pendant 9 saisons. Pour notre bolide, tout droit tombé, au choix, d'un péplum ou d'un blockbuster américain, quand les deux ne s'épousent pas, le sprint génère son adrénaline suprême. Eut-il été rouleur de génie ou grimpeur qu'en comparaison, il n'aurait pas eu l'ouverture pour se livrer à sa razzia brutale. Peu lui importait l'opprobre, celle d'un voleur d'étapes, d'un dilettante qui

D'un superlatif, Cippollinisssimo le sticker qui colle à la route. (© Sticker promotionnel Specilized.com)

renonça sur 22 des 27 grands Tours auxquels il participa, il jubilait dans ce climat d'épouvante que constitue le sprint à son apogée, à connotation sexuelle, similaire au plaisir ultime : « C'est comme un orgasme ! » s'enchantait-il. Aussi bien, il se délectait de son approche, calé en second rideau, prêt à jaillir : « Vous n'imaginez pas ce qu'on peut y ressentir, quand ça va vite, quand on risque sa peau. » Puis, encore, plus près du film intérieur, cette allégation extraite d'une interview du numéro 62 de *Un* : « C'est toute une vie concentrée, pressée et secouée en 20 secondes. Pour être aussi fort dans ces secondes vitales et existentielles, il faut travailler corps et esprit, jour et nuit.Le sprint est la tension et l'intuition, la volonté et le désir, l'abnégation et le sacrifice, la concentration et la détermination, le jugement et la vision. Pour moi, c'était un moyen de m'exprimer, de montrer mon caractère, de faire ressortir ma personnalité. »
Plus près de nous en 2005, au journal *Le Monde*, il livrait quelques-uns de ses arcanes : « J'avais besoin de «métaboliser» ma défaite. Si le coureur s'était montré incorrect, j'avais envie de le frapper, poussé par les hormones, la testostérone, l'adrénaline. [...] Je faisais vraiment peur. Je l'avais vu dans les yeux des spectateurs. J'avais de la

Pour la plus grande satisfaction des équipementiers, Mario Cippolini importa l'unicolore sur le Tour de France. [© *Cyclisme International*, 1997]

méchanceté en moi. Et c'était nécessaire. Les autres ne me faisaient pas de cadeaux. »

Qui l'eut cru ? Parfois déclassé, souvent classé, il n'avait pas le triomphe modeste, se vantant à moult reprises d'avoir conclu « sur une jambe », là, où il en aurait manqué une à ses adversaires. Au lendemain d'un litige, bien souvent, ses dettes de fair-play, il les remboursait à la pédale. Pour ce panache, chacun était à même de concevoir qu'il n'était pas qu'un beau bébé bodybuildé, un exhibitionniste vis-à-vis du public qui en redemandait. C'est vers lui d'abord qu'il se tournait, conscient de la dimension télévisée de son sport, dont, il entendait, *in fine*, et on peut le déduire, être un histrion adulé plus qu'un champion au sens monumental du terme. Une nuance qui, peut-être, expliquerait ses procédures avortées sur les grands Tours qu'il délaissait après avoir effectué son gang – à la régulière ! *A contrario* d'un Zabel, à la mort en montagne, qui s'accrochait vaille que vaille pour rapporter son maillot vert à Paris, lui avait opté pour les additions franches d'étapes, misant qu'un classement pour lequel il n'était pas adapté n'ajouterait rien à son prestige et que, même, il aurait entamé sa longévité. Pour aléatoire que soit cette vision, elle révèle que moins que cynique ou vaniteux, il connaissait ses limites, qu'il gérait son capital dans l'optique de durer. Le cyclisme de la décennie 80-90 est devenu lucratif. S'alimentant de faits mémorables susceptibles d'être exploités en notoriété pour la marque, il poussait à se calculer. Homme du jour ou d'un jour, le lot des sprinters, son minimum syndical aux yeux des organisateurs se traduisait en mission accomplie pour lui, équivalent à une sorte de « Vous m'avez voulu, vous m'avez eu, vous m'avez vu ! ». Et comme étant venu, il avait vaincu, *en imperator* au-dessus des nuées, il s'en lavait les mains.

Lorsqu'il avait fini de défrayer la chronique par ses frasques athlétiques, il se prolongeait par d'autres, aussi tapageuses, vestimentaires. Au summum de la sophistication, on le vit se présenter en smoking blanc au départ du Giro, arborer des tenues insensées, étoilées, se parer de combinaisons d'écorché, de squelette, de tigre, de celle d'un empereur romain. Premier à accorder la couleur du maillot à celle du vélo, des gants, du casque, ces embardées réglementaires lui valurent de devoir s'acquitter d'amendes récurrentes auprès des instances internationales. Comme souvent, transgressant la règle, il agissait dans le cadre caritatif, non seulement, il était absout mais par surcroit, d'autres, ses équipementiers, assumaient l'amende à sa place. À l'inflation de ses fantaisies, en 1999, il s'était fait remarquer par une décalcomanie de Pamela Anderson collée sur la potence de son guidon, qui lui donnait, disait-il, du cœur à l'ouvrage. En toutes époques, il multiplia les déclarations saugrenues – « Si je n'avais pas fait du vélo, je me serais vu bien vu acteur de porno » – Rocco pour Mario, Cipo l'envoyait raide.

Pendant de Pantani dans les cols, Cipollini relevait le plat, se plaisant à inverser les pôles. Narcissique, et c'était sa qualité, fanfaron, et c'en était une autre, insolent, parce que jamais deux sans trois, Il Magnifico cumulait de quoi se trouver dans le collimateur de tous auxquels il laissait le soin de trier se rangeant ainsi à cet avis de César : « Les hommes croient volontiers ce qu'ils désirent. »

De l'anticonformisme vu comme une forme publicitaire opportune, efficace et rémunératrice, Cipollini restait cohérent.

Star !

LANCE ARMSTRONG

LES COMPTES D'EDGAR POE

Armstrong moulinait plus vite qu'il ne s'exprimait, veillant à tourner 7 fois sa langue dans sa bouche au préalable tandis qu'au jarret à 120 révolutions minutes sur les pourcentages, avec une insolence despotique, il enroulait son mensonge record. En prison de lui-même, voué à la construction de son personnage indestructible, à user de son emprise sur le peloton, sous couvert de loyauté et d'un don divin, il perpétuait son œuvre de dévastation personnelle et d'un sport auquel son nom était attaché. 7 ans d'un règne ininterrompu sur le Tour, dynamitant le record du club des 5 – Anquetil, Merckx, Hinault, Indurain – il tissait avec dédain sa légende démesurée. Plus dure serait la chute.

En boss de l'omerta, prédateur et dictateur conforme, secondé par des équipiers allégeant par contrainte et faiblesse, structuré par des managers complices, bénéficiant de connivences tentaculaires dans les plus hautes instances, notre homme n'avançait pas seul : Lance Armstrong, né Gunderson, auquel le second mari de sa mère qui l'adopta, légua son nom. Dans ce double patronyme en forme d'un hiatus, d'un dédoublement, avec des lunettes psychanalytiques, peut-être faut-il discriminer les motivations enfouies du natif de Dallas, le 18 septembre 1971. Hypothèse des hypothèses fions-nous aux faits.

En 1991, à 21 ans, il se pare du maillot de champion du monde à Oslo, démontrant une maestria qui n'appartient qu'aux génies précoces. Transité de l'équipe Motorola à la Cofidis, en 1995, il rafle une étape du Tour, la Clásica San Sebastian, la saison suivante, avec autant de verdeur, il s'attribue encore le Tour Dupont aux États-Unis et la Flèche wallonne, en Belgique. À ce stade, les observateurs sont unanimes, le successeur d'Eddy Merckx est arrivé, un Cannibale made in USA, sacré par avance empereur de la mondialisation qu'il incarne. Hélas, et c'est un drame, à la mi-1996, un cancer des testicules dépisté, il est opéré, se bat, admirable, s'en sort, se remet, prêt pour un come-back épié sur fond d'indécision intégrale. Revenu à la compétition en 1998, sous le maillot de l'US Postal service, il termine 4e de la Vuelta puis encore 4e aux Championnats du monde contre-la-montre et individuels. En 1999, il s'aligne au départ du Tour, 13 jours en jaune, il écrase l'édition de son moulinet en montagne et contre-la-montre. Dans *L'Équipe*, Philippe Bouvet tranche : « Il allie la cadence d'un Charly Gaul à la puissance d'un

La main sur le cœur - « la vérité si je mens ! » (© PresseSports)

Armstrong, élu meilleur parjure de la décennie 2000-2010. (Pastiche non crédité)

Hinault. » Animé par le démon du bien, suscitant louanges et superlatifs, Armstrong – en franglais approximatif – arme forte –, il crée sa fondation dédiée à la recherche contre le cancer, Livestrong –, en substance : Plus forte est la vie. Au XXIe siècle, un an après, sur cette épreuve fil rouge que nous suivons, en 2000, il réitère avec le même panache, soldant l'étape du Ventoux à Pantani, déjà mal parti, lui aussi. À l'arrivée à Paris, installé à sa droite sur le podium, Jan Ullrich allègue : « Armstrong était mieux préparé que moi. » Qu'était-ce à déduire ? En 2001, au slogan subliminal de « *In Lance, we trust* », l'US Postal renforce son équipe à son service grâce au recrutement de Roberto Héras, José-Luis Rubieira, Victor Hugo Pena, grimpeurs émérites. Avant la Sky, l'US Postal lançait le concept de la super-équipe, en anglais, *mainstream*. Dans l'Alpe d'Huez, Armstrong exécute Ullrich, « moins bien préparé » encore, semble-t-il. Dans les Pyrénées, au Pla d'Adet, il lui donne le coup de grâce, fond sur Jalabert qu'il dépose. Le soir, le Mazamétain s'épanche : « Il aurait fallu être une moto pour le suivre. » À Paris, ce démon de Texan se vend pour être un ange, heureux en famille, riche, comblé dans l'exercice de sa profession. Et de trois. La saga continue. 2002 : « Et le gagnant est…

Plus dure fut la chute. [© *Direct Soir*, 10 décembre 2010]

Lance Armstrong ! » De jour en jour, la rumeur se répand selon laquelle son équipe et lui fonctionnent à l'EPO. Dans le jargon, par initiales pour initiés : de l'Edgar Poe. Ombres et sortilèges sur le Tour ! Voici la saison 5 : 2003, l'année du centenaire historique non effective en raison des années de guerre. Dans les Pyrénées, vers Luz-Ardiden, Armstrong chute, se relève, reprend Ullrich, et gagne. Encore treize jours en jaune, à Paris, il lève les bras. Voici 2004, le club des 5 mal en point, le Texan va-t-il inaugurer celui de six ? Enfin, un peu de suspens dans cette infernale monotonie ? Question à laquelle s'en ajoute une autre que pas mal se posent en une période de suspicion accrue: « Armstrong, Dieu ou Parrain ? » Trop de silence tue le silence, dès lors, les gens jasent, les langues se délient. Entouré de sa légion étrangère majoritaire à l'US Postal, en patron de Dallas – Austin – et de son univers impitoyable, Armstrong enfonce le clou, avec 6 étapes empochées, porteur du maillot jaune pendant une semaine : « Envoyez tiroir-caisse, gravez tablettes ! », il est nanti le précurseur de l'improbable club des 6. Dans ce climat de surenchère qui tendrait à nier toutes les lois humaines en matière d'effort, la chasse au bluff est ouverte. À suivre.

La saison 7 nous transporte en 2005. Depuis 1999, le Tour s'étire qui ne nous surprend plus comme régi par l'adage : « Muguet en mai, Armstrong en juillet. » Année en 5 pour un coup de 7, Armstrong triomphe. Sur les Champs-Élysées, face aux caméras, pour une intervention planétaire, il se détermine : « Je voudrais envoyer un message à ceux qui ne croient pas au cyclisme, aux cyniques, aux sceptiques. Je suis navré qu'ils ne croient pas aux miracles, aux rêves, tant pis pour eux. » D'une déconcertante loyauté et d'une humilité qu'on ne lui connaissait pas, à l'heure de se retirer, il a simplement déclaré : « [Ivan] Basso est peut-être le futur vainqueur du Tour. » Il remercie son équipe Discovery qui a succédé à l'US Postal, ses mécaniciens, ses soigneurs, il y a de quoi.

LANCE ARMSTRONG FOUNDATION
PRESENTS
THE 12TH ANNUAL RIDE FOR THE ROSES
AUSTIN, TEXAS
OCTOBER 24-26, 2008
DOWNTOWN AUSTIN TO THE HILL COUNTRY
LIVESTRONG
UNITY IS STRENGTH KNOWLEDGE IS POWER ATTITUDE IS EVERYTHING
FOR MORE INFORMATION
WWW.LIVESTRONG.ORG

Il délivre même un message d'amour pour le Tour qu'il avait méprisé. L'heure de la retraite sonnée, il vit désormais avec la chanteuse country, Sherryl Crow, il va pouvoir s'adonner à ses juteuses affaires en ambassadeur d'un sport mondialisé dont il est la star décriée. Quelques semaines après cette mascarade aux accents surfaits, L'Équipe révèle que ses échantillons prélevés en 1999 contiennent des traces d'EPO. Toutefois, pour des avatars juridiques, les instances non habilitées à sanctionner, Armstrong se sauve, en partie couvert d'un point de vue moral par son implication au sein de sa fondation Livestrong. Dorénavant, en retrait, il s'adonne au triathlon, au marathon. Ce qu'il ne devine pas, c'est que le départ d'un autre, juridique, vient d'être donné qui aboutira à le coincer. 4 ans défilent pendant lesquels sa réputation pourrit. Nonobstant, en 2009, il annonce son retour à la compétition dans l'équipe Astana. Même non bienvenu, il s'aligne au départ du Tour, les organisateurs juridiquement impuissants à l'en empêcher. La rumeur de dopage avérée de plus en plus insistante à son encontre, c'est un peu comme s'il voulait gommer à la pédale ce qu'il ne peut pas prouver par la parole, son innocence, et pour cause : un calcul éhonté qui, d'ailleurs, en cas de performance, ne démontrerait rien mais l'enfoncerait davantage. Comme un piège qu'il se tend, il s'enferre, se débat, le public de moins en moins bienveillant à son endroit, et même franchement hostile par intervalle. 3e à Paris, il est déclassé pour dopage. À présent, il est entré dans la cible. 3 ans plus tard, en 2012, confondu par ses analyses et ses anciens équipiers passés aux aveux sur le dopage organisé qui régna dans ses diverses équipes, il est déchu de ses 7 victoires sur le Tour, son palmarès global depuis 1999 resté en suspens.

Passé du statut d'idole à celui de paria, il devient le sportif le plus détesté des Américains, et en règle générale de tous ceux qu'il a embarqués dans son mensonge industriel. Pour autant, aucune curée n'étant de mise, il ne sied pas ici de le piétiner, mais peut-être de mettre en exergue le fait, qu'avant tout, il recélait les germes d'un champion qui, pour avoir été développés avec de sales substances l'ont entrainé sur une piste mafieuse déplaisante même à évoquer. Cowboy et cobaye, il n'en demeure pas moins qu'il a terrassé le cancer, capable ensuite de performances hors normes, et en cela autre qu'un voyou, un cas d'espèce. Sur cette pente, à sa rescousse, considérons qu'il a ouvert une boîte de Pandore où un démiurge compatissant et vicieux aurait déposé la promesse d'un remède ambigu, d'une espérance dont il aurait-été le messager au-delà du champ sportif qu'il a sali à jamais.

Comme la vie est plus forte, Lance Armstrong, et il faut lui souhaiter, Lance Armstrong se relèvera. (© Flyer Livestrong)

Moteur et bouche cousue : Gunderson, l'humain, qui n'y croyait pas, Armstrong, le transgénique, qui s'y croyait.

MARCO PANTANI (1970-2004)

LE ROSE ET LE NOIR

Le rose lui allait bien, comme le jaune qui flattait son teint, mais le hasard qui n'en est peut-être pas un en l'espèce, fit qu'il acheva sa vie dans le noir, à l'issue d'une série précipitée de la même tonalité. Quelle malédiction frappa ce condottière des cimes qui, par une dérision fatale, expira au niveau de la mer comme en symbole d'une chute intégrale, d'une ironie perspicace afférant à sa couleur préférée : il est retrouvé mort le 14 février 2004, à la résidence Le Rose, dans un motel borgne de Rimini situé sur la Riviera romagnole.

Avant que son parcours ne vire au polar, il avait commencé à la tournure d'un roman de genre qui narre l'ascension d'un gamin ordinaire, natif de Cesena en 1970. D'un milieu ni riche ni pauvre, modeste donc, suivant le cours d'une scolarité normale, plutôt studieux, à ce stade, son vécu n'était pas si captivant qu'il méritât beaucoup de lignes. Sauf qu'à l'âge de 11 ans, et c'est l'élément phare conséquent pour la suite, délaissant le foot, sa première passion, il découvre le cyclisme. Juché sur le vélo d'une tante, un après-midi, il tient la dragée haute aux aînés du club Fausto-Coppi de Cesenatico. Sa vocation est née, qui prendra son essor 3 ans plus tard lorsqu'il s'alignera au départ de sa première course semée de côtes en avril 1984, qu'il remporte. Moqué pour ses oreilles décollées, il est surnommé l'Elefantino. 10 ans passés, à peu près, son faciès corrigé, il mutera en le Pirate, imposant respect et considération à tous ; 10 ans pendant lesquels, à la pédale, aux commandes de son récit, il écrit d'abord quelques jolies pages de son élévation dans le cyclisme amateur transalpin : 3e du Baby Giro, vainqueur de 2 étapes, il est recruté par Carrera, chez les pros, en 1992. Pour quelques paragraphes glorieux qui vont le propulser sous les feux, il intègre les codes d'un syste un peu trop grand pour lui où, réservé bien qu'ouvert, rétrospectivement, on découvrira qu'il ne s'y épanouit jamais. 2 ans auront suffi pour qu'il s'installe au zénith, cette position instable et enviée d'où découlera son drame. En 1994, révélé au public, il termine 2e du Giro, 2 étapes engrangées, les grimpeurs matés. Entre Berzin et Indurain sur le podium, l'Italie le couve de ses vœux tandis qu'à cette période un autre de ses congénères mobilise l'applaudimat, Mario Cipollini. En juillet, il achève le Tour de France derrière Indurain et Ugrumov, meilleur jeune, 2e du grimpeur. Dans ce cyclisme « piraté », il n'a rien à envier à quiconque

Atmosphère Southern Rock, avec tatouage et bandana, Pantani endosse le rôle du bad boy devant l'objectif. (© PresseSports)

de ses adversaires. Et peut-être là, le premier indice obscur en période claire, vite démenti d'apparence lorsqu'il se manifeste dans le sens de contrôles accrus. Pas avare de s'entraîner, 7 heures par jour, il observe des méthodes éprouvées. Pour l'instant, il grimpe, et de quelle façon sur l'échelle des valeurs, successeur potentiel des Coppi, Gaul, Bahamontes. En première classe, il aborde la saison 1995, où absent du Giro, il s'illustre sur le Tour, s'attribuant le record de la grimpée en haut de l'Alpe d'Huez, vainqueur dans les Pyrénées à Guzet-Neige. Une édition en dents de scie pendant laquelle il alterne coups de maître et de bambou, 13e à Paris. En fin de saison, guignard, dans Milan-Turin, il est fauché par une voiture, double fracture d'une jambe, sa saison 1996 condamnée, il revient en 1997 sous le maillot de Mercatone. Sur le Giro, à nouveau victime d'une chute, il est contraint à l'abandon. Concentré sur le Tour qu'il conclut à la 3e place, il s'adjuge 2 étapes dans les Alpes, à l'Alpe d'Huez et à Morzine. En période de plomb, il se balade la socquette légère…

Ici débute la 2e partie du récit – pour un doublé sublime Giro-Tour qu'il endosse en 1998, année maudite pour le cyclisme. (En 2013, son nom apparaîtra parmi ceux contrôlés positif à l'EPO sur cette édition). Dans cette atmosphère délétère, avec bouc et bandana, le Pirate se retrouve en quasi amiral d'un sport qui prend l'eau – et plus ! Changement d'ère, à l'entame de la dictature d'Armstrong – on consomme les mêmes produits, et on continue. Et voici, le paragraphe où tout bascule, une date y est accolée : le 5 juin 1999, sur le Giro, Madonna di Campiglio– une étape que remporte le divin Marco, chéri des foules. Contrôlé positif, son taux d'hématocrite excédant les 50 %, il est mis hors course à deux jours de l'arrivée. Devant les caméras, les carabiniers sont venus le saisir. C'est l'humiliation intégrale, la flétrissure, l'amorce d'un déclin intérieur, d'un cycle dépressif pernicieux. Cependant, ce n'était pas la première fois qu'il présentait des taux excessifs, on le sut plus tard, en 2000 : soupçonné de prise d'EPO, en 1995 sur Milan-Turin. De même, en 2001, il sera impliqué dans le Blitz de San-Remo, mouillé dans une magouille d'insuline. Quand adviendra l'affaire Puerto, il sera repéré sur les listes du Docteur Fuentes sous l'abréviation PTNI. On ne voudrait pas l'accabler qu'il se serait déjà dégommé seul. En 2000, c'est une saison blanche ou presque, 28e du Giro, il a déserté le Tour après s'être adjugé 2 étapes.

Vu de France, son comportement se ressent mieux sur la Grande Boucle chloroformée par Lance Armstrong depuis 2 ans. Sur cette épreuve les deux hommes se retrouvent jetés l'un contre l'autre pour un duel attendu dans l'esprit magistral de ceux d'antan. Entre eux, le courant ne passe pas, les sourires échangés sont purement de mise. Si le Texan s'exempte d'amabilités, le Romagnole n'en déborde pas non plus, d'un charisme relatif, sauf à s'afficher, un bandana au front, des boucles aux oreilles, qui lui valent son surnom surfait, le Pirate. Sur les traces de Cipollini, il s'est laissé gagner par le syndrome régressif d'apparaître en personnage de Disney – de Marvel, pourvoyeur de super-héros zélés, conviendrait mieux. À défaut de fouiller son image, d'éplucher ses écarts, le public et les observateurs préfèrent le regarder en contradicteur d'Armstrong dont la statue dressée étend son ombre suspecte sur la planète cyclisme. Lui désigner un challenger, outre redonner du sel à l'épreuve, démontrerait, un peu, qu'il soit humain. À moins, et c'était le pire à prévoir que dans leurs quelques duels, l'un et l'autre fussent « transgéniques ». Comme le pire n'est jamais à écarter, il advient régulièrement qu'il s'impose. Or, ce fut le cas. Mais restons sur une chronologie. Pantani, ambassadeur d'un cyclisme européen, à l'ancienne, disons, Armstrong, représentant de l'un, cosmique, mutant, leur dialogue se limite à peu. Le premier en proie à une campagne de désaffection dans son pays, le second magnifié, partout sur la planète, pour son combat contre le cancer, cette différence de traitement médiatique exacerbe entre eux la rivalité tant sportive qu'humaine. Le Romagnole abhorre le Texan qui lui rend bien, mais il n'a pas à se forcer, Armstrong n'aime personne – et lui, en proue, peut-être, même. Pour le peu de temps qu'il lui reste à vivre en 2000, le roman de ses jours, le Romagnole l'écrira à l'encre d'un polar. Dans le rôle du perverti lucide, il peine à croire à la nature de son émule. Il ironise. « Armstrong ? Un héros de bande dessinée – et lui, donc ? – Une sorte de Spiderman ». Pour ne pas le nommer, il le dédaigne en

Avec un goût évident pour la mise en scène, Marco Pantani pose devant l'objectif pour le supplément de *La Gazzetta dello sport* (© *Gazzeta Dello Sport* -Supplément Giro d'Italia)

il Pirata
MARCO
PANTANI
ITALY

« fils de celui qui est allé sur la Lune » En coulisses, les dagues s'aiguisent. En retour, Armstrong le méprise, condescend à le considérer, et pour cause, armé comme il est, il sait pourvoir en disposer à son bon vouloir. Pantani le sait, otage d'un chantage diplomatique et chimique, qui attise son animosité envers son dominateur. (10 ans après son décès, sa mère retrouvera un tee-shirt rose, sur lequel, à la façon d'un adolescent rancunier, romantique et suicidaire, il avait écrit au feutre : « L'unique vraie blessure, c'est Armstrong ».) Blessure narcissique, scellée, infectée, en ajout de celles à l'œuvre, en 2000, Pantani perd pied, se nécrose de l'intérieur. Pas particulièrement souriant d'abord, ni très lumineux, en Pirate, les yeux camouflés derrière des lunettes aux verres ocellés, il dissimule mieux son ressentiment. Cette inimitié sourde qui circule entre Armstrong et lui va trouver son apogée, le 13 juillet, lors de la 12e étape du Tour tracée entre Carpentras et le Mont Ventoux, le mont Chauve, où les rocs au soleil ne portent pas de bandanas. 300 000 spectateurs se sont massés sur les pentes en cette journée caniculaire, pour cette étape de la mort au figuré comme au propre quand plane encore le décès de Tom Simpson en 1967. Et cette journée-là encore, au sommet, il y aura un mort, un mort à l'orgueil, différée, silencieuse, mais aussi pénétrante. Au départ de Carpentras, en souvenir de son naufrage d'Hautacam dans les Pyrénées, Pantani se devait de restaurer son image de meilleur grimpeur du monde qu'Armstrong lui avait ravie. Rude journée pour le Romagnole qui était revenu sur le groupe Armstrong à 6 kilomètres du sommet dans lequel caracolaient, Heras, Botero, Ullrich, Beloki et Virenque. Moins de 3 kilomètres plus tard, à la 4e tentative, il parvenait enfin à les semer, le Texan compris. Seulement, à 500 mètres de la ligne, il le vit revenir, avec sa pédalée moulinée, placide, le souffle réglé, comme en excursion ce jour-là. Pas le temps de s'observer, la ligne se rapproche. Soudain, d'une complaisance ostentatoire, Armstrong, en décélération, le flattant à la taille, lui offre la victoire qu'il saisit. Offrande empoisonnée, victoire pourrie, devant les caméras de l'Eurovision, à la face du monde, Armstrong l'avait encore rabaissé. En privé, devant ses équipiers, Pantani s'épanche : « D'ailleurs, il n'a pas affronté la montagne face à face, mais comme s'il savait par avance dès le pied qu'il sortirait vainqueur. » Trop tard, les dés sont jetés.

Par Pantani, c'est toute l'Italie qui gagne. (non crédité, 2011)

S'il ne fallait retenir que deux déconvenues en lieux de mobile qui ont mené le Condottière à la tombe, il faut pointer, bien sûr, Madonna di Campiglio en 1999, et Le Ventoux en 2000. À partir de cet instant, le polar psychologique dégénère au thriller, la mort au rendez-vous. Pour un titre : Qui a tué Pantani ? En vérité, n'est-il pas déjà parti ? Amoindri, il se traîne en ombre de lui-même.

14 février 2004, la police alertée se précipite à la résidence Le Rose à Rimini où elle découvre le Pirate, décédé dans des circonstances troubles. Une enquête bâclée, des faits négligés, des traces de rixes escamotées, la conclusion tombe : Marco Pantani est décédé d'une overdose de cocaïne. Cette hypothèse imposée sera bientôt contestée – où et quand celle qu'il fut abattu par la mafia pour n'avoir pas répondu aux attentes de paris clandestins, affleure.

En victime, sa postérité eut été meilleure, en autodestructeur, elle demeurera à jamais entachée d'un afflux de doutes résorbés dans les motifs flous de son décès. En épilogue contrasté, sur fond d'un thriller, imaginons *a minima* qu'il se soit aventuré jusqu'aux limites de terres inconnues, là-haut, derrière les sommets, où s'étend une contrée dangereuse et sauvage, où l'on achève les éléphants, les *elefantini* !

Et du rose,
tout vira au noir.
(© *La Gazzetta Sportiva*)

La Gazzetta Sportiva

Che impresa: l'Italia impazzisce

Pantani mitico

Incredibile: batte Tonkov anche a cronometro
E' il campione della volontà e della gente
Milano oggi gli consegnerà un favoloso Giro

Dal paradiso rosa nasce un nuovo sogno: il Tour

GP del Canada alle 19 su Rai2

Schumi è vicinissimo
La Ferrari all'assalto

McLaren davanti ma non dominano

Perugia, ore di tensione

SERIE B

OAKLEY
ROTOR
dimension data

MARK CAVENDISH

LE CAV SE REBIFFE

Natif de Douglas, dans l'Ile de Man, Mark Cavendish garde de sa culture insulaire le goût de se situer en dehors des clous, non par bravade bien qu'il ne s'en exempte pas, se dressant en exception tant d'un point de vue morphologique que mental. Sprinter émérite, *a contrario* des armoires à la Greipel ou à la Kittel, il est d'une taille réduite. Plus filocheur qu'explosif de loin, en théorie, déjà, il serait presque pénalisé. Le propre d'un champion étant de transcender les évidences ou de les retourner, par son double kick, il se sera employé à rectifier. Ou doucereux ou arrogant, conciliant ou jouteur, en toutes occurrences, il redouble de discernement, adepte du second degré, rapide à pointer l'essentiel, capable à la même célérité d'égratigner en souriant –bad boy, parce que ça lui plait. À creuser.

Avec ses 572 km², ses 53 km de long sur 21 km de large, avec en guise d'une montagne, une colline qui s'élève à 621 m, l'Île de Man, ce confetti situé en mer d'Irlande, ne prédispose pas *a priori* à la pratique du cyclisme, faute par surcroît de participants, d'un calendrier, d'une tradition. Cependant, par son Grand Prix de motos, elle renferme une légende de témérité. Est-ce par cette imprégnation que le jeune Mark s'est tourné vers le deux-roues, le BMX puis le VTT, avant d'aborder la piste ? Il donne lui-même la clef. À treize ans, en 1998, dans son île, il a rencontré David Millar, professionnel chez Cofidis, venu disputer un critérium – un autre insulaire, né à Malte, lui. À l'issue de la course, Millar lui offre une photo dédicacée, sa casquette. Le gamin Cavendish chamboulé, en un éclair, sa vocation s'impose, il sera coureur cycliste. À la télé, le Tour de France le fascinait déjà. Restait à escalader les marches qui le mèneraient vers une hypothétique carrière de haut niveau. Seize ans, les idées claires, à revers du cursus normal, en bon atypique, il mûrit son plan personnel. Employé de banque, il économise en vue de tenter l'aventure vers le professionnalisme, son unique dessein. « Je me moquais d'être un bon junior. [...] Quand j'ai eu assez d'argent, j'ai quitté mon emploi pour rejoindre l'école de la piste britannique. » Ses classes effectuées en accéléré, à force de victoires, il intègre l'équipe britannique : champion du monde de l'américaine associé à Robert Hayes, à Los Angeles, en 2005. Champion d'Europe de la course aux points, cette même année, il débute sur la route, au Tour de Grande-Bretagne et de Berlin, au sein de l'équipe Sparkasse, la réserve de T-Mobile, en 2006. En 2007, il est engagé chez T-Mobile. La première partie de son rêve abouti, il est professionnel.

C'est l'Île de Man qui fit l'homme. (© CP Dimension data 2017)

Du «wit» et du watt, Cavendish, le missile ! (© Flyer Specialized.com)

Débuts laborieux, il peine à terminer une course quand, par providence, le déclic se produit : il s'adjuge le Grand prix de l'Escaut, 2 étapes des Quatre Jours de Dunkerque. Retenu pour le Tour, il l'abandonne à la 8e étape à cause d'une chute – ni la première ni la dernière ; il entame son règne de kamikaze proclamé. En 2008, chez Columbia, il rafle 4 étapes avant de tirer sa révérence à la 15e. Pour une apothéose, en 2011, il en confisque 5 et s'arroge le maillot vert. En 2017, en 11 participations, dans sa catégorie sprinter, comptabilisant 30 victoires d'étapes, il dégomme le record de 22 conservé par André Darrigade, embusqué à 4 d'Eddy Merckx, le recordman absolu. Grâce à lui, à son audace, le sprint détient en calque, son Cannibale, souvent décrié qui, la tête et le buste avancés, dévore les derniers hectomètres en se faufilant, quand il n'a pas de lanceur, dans un trou de souris. Reconnaissable de loin, singulier dans son corps à corps avec la machine, la tête droite, les épaules stables, il s'apparente moins à Abdoujaparov qu'à Darrigade. En ce sens, il affirme : « Je suis un sprinteur à l'ancienne. Je suis incapable de gravir une montagne, mais si je suis en tête à 200 mètres de l'arrivée, personne ne peut me battre. » En casse-cou, on ne compte plus les circonstances où il fut pointé en responsable d'une chute, sur la Vuelta, le Tour de Romandie, etc. En retour, à plusieurs reprises, il est allé lécher le bitume sans l'avoir cherché. En 2017, sur le Tour, à l'arrivée de la 4e étape, Peter Sagan l'avait expédié d'un coup de coude dans les barrières.

Les sprinters sont des êtres turbulents que leurs pulsions agissent, des exaltés dont les codes dans l'action échappent au commun des spectateurs. Cavendish n'avait pas récriminé. Peut-être se souvenait-il qu'en matière de fair-play, il se posait là, aussi, quand, franchissant en vainqueur la ligne d'arrivée la 2e étape du Tour de Romandie, en 2010, il avait destiné un doigt d'honneur à ses détracteurs – comme Sagan, en 2017, il avait été exclu. Le sprint s'enrobe d'adrénaline que le danger secrète : il faut savoir composer avec, savoir juguler son instinct au risque, sinon, de récolter l'opprobre collective. Dans *Vélo Magazine*, en août 2008, Frédéric Grappe, directeur du pôle performance de la FDJ, analyse son comportement : « Ce que Cavendish a appris dans la «sécurité» de la piste, il le reproduit tout naturellement sur la route. Si la route avait été son environnement naturel, il n'aurait jamais appris à courir avec la tête aussi bas, défiant le danger, en partie parce que son inconscient le lui aurait interdit. Un frein psychologique aurait joué pour le protéger de dangers que l'œil voit souvent trop tard. »

Cet œil, portons-le sur sa personnalité scindée en deux entités distinctes : celle qui rit, celle qui mord, – l'apanage du bad boy qui maîtrise sa partition : bad boy, synonyme de *Mods*, cette jeunesse anglaise des quartiers laborieux qui daignait passer pour aristocratique dans les années soixante, et plus. De cette subculture urbaine, on en est assez spontanément pénétré lorsqu'on est du cru et que, par avantage, on est copain avec Bradley Wiggins, de cette tribu – ensemble, ils ont couru chez Sky ; ensemble, ils ont été champions du monde de l'américaine à Manchester en 2008. S'il ne l'est tout à fait, Mods, le Cav, pour les intimes, en préserve une certaine image, sapé nickel, d'une esbroufe de bon ton, exposant un luxe vite conquis grâce à ses performances. Dans la vie comme sur l'asphalte, il raffole de la vitesse, d'engins puissants sur quatre roues – l'Île de Man oblige. Véloce sur tous les fronts, ce sale gosse brillant possède du – *wit* – de cet esprit anglais grinçant, mélange de réparties cinglantes et de pirouettes moqueuses. Ainsi, à un journaliste qui l'interrogeait sur le dopage, il rétorqua du tac au tac : « Chacun son proble, sa responsabilité. Je ne peux m'exprimer qu'en mon nom. Êtes-vous sûr que pendant que vous me parlez, votre femme ne couche pas avec un autre journaliste ? » Docile puis, soudain, emporté, si la question l'importune, il montre les dents. L'écrivain journaliste, François Thomazeau en fit l'amère expérience en 2012, lorsque l'interviewant sur son esseulement au sein de l'équipe Sky, rompant tous les us de la communication à laquelle il se conférait, il partit à le braquer, s'estimant assez grand pour manœuvrer seul dans un sprint – ce qui est patent. Et François Thomazeau de conclure : « L'interviewer, c'est toujours aller au casse-pipe. » Facétieux à souhait, il se délecte des mêlées médiatiques, quand cerné d'objectifs, de caméras, de micros, pour attiser, il part à chuchoter. Entre folklore et défi, entre rage et malice

REMAIN THE
FASTEST.
BECOME THE
GREATEST.
CAV.
@MARKCAVENDISH
#MAKEITCOUNT

ponctuelle, il s'est bâti un personnage désagréable, rugueux, frontal, dont il sait user pour sa publicité, pour distiller ses points de vue à la couleur qui lui convient. Dans le magazine *Pro Cycling*, en octobre 2008, il se justifiait : « Je ne vois pas en quoi dire la vérité peut être un signe d'arrogance. Mais les gens peuvent penser ce qu'ils veulent de moi. Je m'en fous. » En Angleterre, les journalistes spécialisés lui consacrent un prix dédié : celui de l'interview la plus désagréable de Cavendish – un must à l'anglaise composite, mixte de mauvaise foi, de rogne et de colère servie à point. À ce stade de notoriété, reconnu en personnalité éminente du royaume, il s'inscrit d'ores et déjà dans le patrimoine, digne d'un Pete Townshend des Who, irascible et gentleman. Admis comme membre de l'Empire britannique, dans son île, il excite l'enthousiasme de James Anthony Brown, son ministre principal : « Ses réalisations ont fait les gros titres dans la presse internationale et mis l'île de Man sur le devant de la scène. Mark a montré le niveau que l'on peut atteindre avec du talent, de la détermination et le soutien d'une équipe. » Apte à émouvoir, sans se forcer, vainqueur sur le Tour à Montargis, sur le podium il avait fondu en larmes – sous la brute, l'ange sommeillait. Ce qui plut à tous.

Dans cette enchère à l'emballement, où pourtant il siège en bonne place, il lui faudra encore beaucoup d'épaulées et de coup de gueule pour égaler ses prédécesseurs en caractères prononcés, Hinault, Cipollini. Pour honorer ce challenge subsidiaire autant qu'insolite, un peu de temps lui reste encore. Et qu'on ne vienne pas le contrarier, s'essayer à lui glisser une peau de banane – une Cavendish[1]– sinon, illico, kif-kif, le Cav se rebiffe.

1. Variété de banane.

Peur de rien, le plus rapide,
le plus téméraire.
(© Markcavendish#makeitcount)

REMERCIEMENTS

L'auteur remercie Valérie De Sahb, Jean-Marie Leblanc, Jean-Marie Letailleur, Cyrille Guimard, Jean-François Guiborel, Jean Arze, Jacques Cadiou, Jean-Pierre Livet, Gilles Le Roch, François Thomazeau, Philippe Brunel.